Barbara Petermann

Schenke mir ewiges Leben

Roman

GolubBooks

Barbara Petermann, Schenke mir ewiges Leben

Roman

1. Auflage, 2016
GolubBooks, *Edition ZeitGeist, Nr. 6*
Lektorat: Martin A. Völker
Logo: V-print B.V., Niederlande
Coverfoto: © Harry Braun
Autorenfoto: © Barbara Petermann
Covergestaltung: Tatjana Beimler
Satz: BGV, Karlsruhe
© Barbara Petermann
© GolubBooks
ISBN 978-3-942732-25-3
GolubBooks, Karlsruhe
www.golub-books.de

Bibliografische Information der Deutschen Nationalbibliothek
Die Deutsche Nationalbibliothek verzeichnet diese Publikation in der Deutschen Nationalbibliografie; detaillierte bibliografische Daten sind im Internet über http://dnb.d-nb.de abrufbar.

Für Reinhold Petermann, meinen Vater

„Lass mich los,

damit ich bleibe.

Halt mich fest,

damit ich gehen kann."

Barbara Petermann

I.

Das Abbild der Wirklichkeit ist etwas anderes als die Wirklichkeit selbst und die Anmutung der Wirklichkeit wieder etwas anderes. Kommt die Fantasie und Liebe hinzu, kann es kompliziert werden. Und nicht selten wird es kompliziert in unserem Leben. Auch die Zeit schlägt unserer Sehnsucht nach Ordnung und Sicherheit ein Schnippchen, denn manche Dinge, die vergangen sind, sind in Wahrheit nicht vergangen. Vergangenes schleicht sich in unseren Alltag ein, wenn eigentlich kein Platz mehr dafür vorgesehen ist. Das Leben eines Menschen besteht also aus mannigfachen Gelegenheiten, die lieb gewonnene Fassung zu verlieren und in einen Strudel aus ungelösten Aufgaben, alten und neuen Sehnsüchten und Ängsten hingerissen werden. Die Kunst kann uns in schlichter Zeitunabhängigkeit den Weg weisen. Sie lässt uns die Wirklichkeit in einem neuen Licht sehen, im Guten wie im Schlechten. Es kann nicht immer Frühling sein, aber die Kunst zeigt uns, dass es immer wieder Frühling werden kann.

II.

An einem sonnigen Frühlingsnachmittag, der ungewöhnlich heiß war, kam Jakob aus dem stickigen Büro des Genetischen Instituts, lief die Straße entlang zum Parkplatz, auf dem er sein Auto geparkt hatte. Noch an die engagierte Professorin denkend, die ihm ihre Forschung bezüglich der Fruchtfliege und deren Bedeutung für den Kampf gegen den Krebs dargelegt hatte, öffnete er die Fahrertür und stieg in den angejahrten Opel Corsa. Er drehte, ohne weiter darüber nachzudenken, den Zündschlüssel herum. Ohne Ergebnis. Noch einmal und weitere fünf, sechs Mal. Es tat sich nichts. Das Auto, sein treuer Begleiter, der nie murrte, ihm immer zu Diensten war, hatte seinen Geist aufgegeben. Einfach so, unangekündigt, ohne sich von ihm zu verabschieden.

Jakob stieg aus, wischte sich mit dem Handrücken den Schweiß von der Stirn, fasste sich an den Nacken mit dem instinktiven Bestreben, seine angespannte Muskulatur zu lockern. Was nun? Jakob bemerkte, dass er diese Art der Fassungslosigkeit nur selten an sich wahrnahm. Ansonsten war er es gewohnt, dass die Prozesse im Alltag völlig reibungslos abliefen. Was gelegentlich nicht so ganz wollte, dem gab Sabine einen Stups, und schon ging alles wieder seinen gewöhnlichen Gang. Jahrein, jahraus. Was konnte er jetzt machen? Der ADAC wäre in solchen Fällen ein hilfreicher Ansprechpartner gewesen, hätte Jakob nicht darauf verzichtet, sich durch eine Mitgliedschaft an diese Organisation zu binden. Also doch die Werkstatt. Einmal im Jahr brachte Sabine den Corsa dorthin. An diesem Tag fuhr sie Jakob morgens noch schnell zur Uni und holte ihn abends wieder ab. Nie hatte es Probleme gegeben.

„Das wäre doch gelacht, wenn diese Situation nicht zu meistern wäre." Jakob schien wieder Herr der Lage zu sein, als er die Nummer der Werkstatt, die Sabine in sein Mobiltelefon für den Fall der Fälle einprogrammiert hatte, wählte. Besetzt. Noch einmal. Wieder besetzt. Dann war die Leitung frei, und schließlich meldete sich sogar jemand: „KFZ-Werkstatt Unger, guten Tag. Was kann ich für Sie tun?" Die Stimme klang hart und leicht erzürnt, weil sie wohl um ihre Feierabendstunde bangte. „Nein! Heute bekomme ich keinen Mitarbeiter mehr, der ihr Auto abholen könnte. Aber morgen ist auch noch ein Tag." Patzige Worte drangen an Jakobs Ohr.

Gut. Was also tun? Wie sollte Jakob nach Hause kommen? Sabine konnte ihn nicht holen, das Auto stand ja hier, bewegungslos, und das würde auch bis morgen früh so bleiben. Jakob wusste, dass sich nahe dem Unigelände mehrere Bushaltestellen befanden. Schon öfter hatte er sich wegen der aussteigenden Busfahrgäste geärgert, die wie selbstverständlich die Straße vor und hinter dem haltenden Bus überquerten, ohne sich im geringsten um die Autos zu kümmern, die möglichst schnell an dem Bus vorbei wollten. Die Linie 47 fuhr fast bis zu seiner Haustür. Das hatte er auch schon ins Feld geführt, als es darum ging, dass ein neues Auto angeschafft werden sollte. Da verwies er jedes Mal hartnäckig darauf, dass er die restliche Zeit bis zu seiner Rente gerne mit dem Bus fahren könnte. Die Anschaffung eines neuen Wagens würde sich doch in ihrem Alter gar nicht mehr lohnen. Das würde nun bald wieder ein kritischer Diskussionspunkt zwischen seiner Frau und ihm werden, wenn das Auto einen echten Totalschaden hätte. Aber egal, das wird sich schon noch zeigen, dachte er.

Der Frühling lohnte die wenigen Schritte bis zur Bushaltestelle. Und so lief er über den Staudingerweg zum Hans-Dieter-Hüsch-Weg. An der Bushaltestelle las er auf der Tafel, dass er noch 14 Minuten warten müsste, bis der nächste Bus käme. Ärgerlich blickte er die Straße hinunter und blieb mit verkniffenen Augen am Eingang des Botanischen Gartens haften. Das Tor stand offen. Der Botanische Garten hatte sich in den letzten Jahren stark verändert. Immer größere Besucherströme lockte er an mit seinen sonntäglichen Führungen. Das hatte Jakob schon gelegentlich beobachtet und sich gedacht, dass er unbedingt auch einmal an einer solchen Führung teilnehmen müsste. Allein schon, um sich zu informieren, was sich so alles auf dem Unigelände entwickelte. Der ursprünglich auf rein wissenschaftliche Belange der vergleichenden Morphologie der Pflanzen ausgerichtete Forschungsgarten diente lange Zeit als ein lebendiges Archiv. Stand anfangs das Ziel im Vordergrund, möglichst viele Pflanzenarten auf der Anlage unterzubringen, so traten in den letzten Jahren vermehrt gestalterische Aspekte in den Vordergrund. Man hatte sogar Landschaftsarchitekten damit beauftragt, den Parkcharakter für die Besucher herauszuarbeiten. Einladend öffnete sich vor Jakob das Arboretum mit dem gewundenen Mittelweg. Ein kleiner Spaziergang könnte heute vielleicht ganz nett werden, ging es Jakob durch den Sinn. Seine Argumentation gegen ein neues Auto wäre sogar wesentlich überzeugender, wenn er den ganzen Weg zu Fuß machen würde. Eventuell sogar mit Genuss. Ein weiteres Argument mehr. Denn seine Familie hielt ihm ständig vor, dass er nur arbeite und das Leben vernachlässige. Selbst ein genussvoller Spaziergang könnte kaum mehr als eine halbe Stunde in Anspruch nehmen, so kalkulierte er und lief los. Schließlich ging es um nichts weniger als den Beweis, dass es meistens auch ohne Auto klappte.

Jakob war daran gewöhnt, sich mit den Dingen, wie sie sich ergaben, abzufinden. Es kam, wie es kommen sollte. Als Mediziner wusste er, dass der Mensch nur über einen begrenzten Handlungsspielraum verfügt. Manche nannten es Schicksal, andere Fluch oder Segen. Jakob hatte sich arrangiert mit den kleinen bis mittelgroßen Stolpersteinen, die ihm das Leben bisher in den Weg gelegt hatte. Nur einer war zu groß, einen Schicksalsschlag hatte er nie überwinden können, und er tat alles dafür, diesen im Dickicht des Vergessens zu belassen. Ja, er hatte sich damit abgefunden und konnte unzufriedene und mit ihrem Schicksal hadernde Menschen, wie sie ihm in seinem Beruf immer wieder begegneten, nicht ausstehen. Das Leben ist manchmal zum Verzweifeln, das wusste auch er. Doch galt es Fassung zu bewahren. Jeder musste einsehen, wann sein Kampf verloren war. So ist das nun mal. Sich einfinden in die neue Situation und das Leben neu ausrichten auf das, was danach kommen würde. Das war sein Credo. Eigentlich.

Seine Gedanken kreisten immerzu um diese Frau, die ganz zaghaft an seine Bürotür geklopft hatte, um ihn später umso energischer zu beschimpfen. Er würde selektieren und damit seine

Studie manipulieren, so lautete ihr Vorwurf. Das hatte er normalerweise nicht nötig, sich mit den Probanden selbst auseinanderzusetzen. Das erledigten gewöhnlich seine Doktoranden für ihn.

Diesen und ähnlichen Gedanken hing Jakob nach, als er mit forschem Schritt auf die idyllische Mitteldiagonale des Botanischen Gartens einbog. Große Bäume verschiedenster Herkunft beschirmten seinen Weg. Seit 1950 konnte sich hier ein extrem hoher Artenreichtum entfalten. Bald fing eine imposante Rosskastanie seinen Blick auf, dann ein ihm unbekannter asiatischer Baum. Er erinnerte sich daran, was er von der Vielfalt des Arboretums gehört hatte, jetzt erlebte er sie. Eine libanesische Eiche streckte sich ihm entgegen und daneben ein Bambus aus Asien mit einem grünen glatten Stamm. Die strenge geografische Gliederung beeindruckte ihn. Links Himalaja, Westasien und Europa. Rechts Ostasien mit einer Zaubernuss, so informierten die kleinen Schilder am Wegesrand die Besucher. Unter den Bäumen auf dem Boden kleine, zaghaft hervorragende Primeln. Mitten auf dem Unigelände roch es plötzlich nach dichtem Wald. Jakob sog diesen Duft genussvoll ein. Er erinnerte ihn an seine Kindheit. Stolz kam in ihm auf. Irgendwie fühlte er das Heldentum früherer Jahre in seiner Brust aufschwellen, als er mit seinen Freunden mit Stöcken bewaffnet den nahe gelegenen Wald nach Räubern durchsuchte. Hier musste auch irgendwo der Taschentuchbaum stehen, dessen Blüten der Botanische Garten als Logo gewählt hatte. Nach der ersten Kreuzung entdeckte Jakob das Prachtexemplar, das Blüten, die an Taschentücher im Wind erinnerten, hervorbrachte. Er hatte gelesen, dass englische Pflanzenjäger um 1902 lange in Ostasien gesucht hatten, um die Samen zu ergattern, natürlich mit genauer Dokumentation des Fundorts. So etwas faszinierte Jakob. Da fiel ihm eine kuriose Baumrinde ins Auge. In zahlreichen Schichten entblätterte sich der Stamm wie von selbst. Ein Doppelschild-Strauch aus Mittelchina konnte er der Infotafel entnehmen. Ebenfalls auf der rechten Seite sah er eine Butternuss aus Nordamerika und entdeckte an dem Stamm einen riesigen Pilz. Etwas weiter erblickte er sogar eine Bruthöhle. Welche Vögel hier wohl nisten? Das beeindruckende Arboretum entließ links den Spaziergänger mit einer Zerzis, einem mediterranen Straßenbaum aus Portugal, einer seltenen Tanne aus Sizilien mit roten zapfenähnlichen Blüten, und rechts mit einem

Tulpenbaum aus Nordamerika, einem Magnoliengewächs.

Danach öffnete sich das Gelände, das rechts züchterisch veränderte und in Mulch gebettete Präriestauden zeigte und links mit Schaubeeten als Blickfang für die Besucher aufwartete. Er sah auch rechts die systematische Abteilung, in der die Verwandtschaftsgruppen nach einem strengen Registersystem sortiert waren. 3500 Pflanzen waren dort auf der rechten Seite untergebracht, dahinter lagen eine Lindenallee und in der Ferne Nadelbäume. Links, das hatte Jakob auch schon gelesen, konnte er in der Kultur- und Naturlandschaftsabteilung die Nachbildung des Großen Sandes als Besonderheit der Region ausmachen. Weiter weg entdeckte er sogar einen Weinberg.

Die beiderseits des Weges angeordneten Zierkirschenbäume ließen Jakobs Herz hüpfen. Japanische Kirschbäume in voller Blüte, die als Rispen oder als Wattebäusche ihre Pracht gerade entwickelt hatten. Mal in Säulenform, mal hängend schlugen sie Jakob in ihren Bann. Eine solche Anmut hatte sich seiner Sinne lange nicht bemeistert. Allein der Geruch … Einen kurzen Moment wollte er sich mit der Beschleunigung seiner Schritte dagegen wehren. Doch dann kam sein

Inneres zur Ruhe, als seine Augen sich rettend an einer Hängebirke festhielten. Zum Glück gab es diesen üppigen, die überbordende Lieblichkeit neutralisierenden Baum. Darunter befand sich ein kleines grünes Feld. In einer Lücke gaben die hängenden Äste etwas Dunkles frei. Es sah aus wie zwei frech in die Luft gereckte Pobacken, aus deren Kurven zwei Oberschenkel entsprangen. Genaueres konnte Jakob noch nicht ausmachen. Doch etwas näher kommend nahm er hinter dem hängenden Geäst über dem kleinen, von der Sonne beschienenen Hintern, die grazile Haltung einer jungen Frau wahr. Es war jene bronzene Figur, die der Botanische Garten vor einiger Zeit angeschafft hatte. Jakob erinnerte sich dunkel an die Meldung in der Zeitung. Er besah sie von allen Seiten, und je länger er sie umrundete, desto mehr wurde Jakob der überreichen Natur um ihn herum enthoben. Die bronzene Frauenfigur stand in aufreizender Pose geschützt unter dem Dach des dichten und doch lichtdurchlässigen Baumes. Sie fesselte Jakob. Schon längst einer Ahnung nachgebend hatte sich diese Plastik in sein Herz gebrannt und riss nun, da er sie von vorn sah, brutal eine nie geheilte Wunde wieder auf. Jakob befürchtete, einen Herzinfarkt zu bekommen. Das wäre ihm zweifelsohne weitaus lieber gewesen, als das, was nun mit ihm geschah. Diese Plastik stellte nicht nur Anna dar, sie war Anna. Anna blickte ihm schamhaft von unten, aber trotzdem direkt und kühn in die Augen, in einer ihm zugewandten und sich doch auch wieder entziehenden Haltung. Als würde sie sich selbst umwickeln wollen um einen imaginären Stamm, der sie sodann wieder zum verschlossenen Kokon, der sie über Jahrzehnte war, mutieren ließ. Sie hielt die Hände über den Kopf als Aufforderung an ihn, ihre Brüste zu küssen und zugleich als Abwehrhaltung, mit der sich ihr Körper im selben Moment ein Stückchen nach hinten abwandte. Doch die kleine Wölbung um ihren Bauchnabel herum zeugte von ihrer Liebe, das bemerkte er sofort.

Ein frühlingshafter Sinnenrausch oder doch die Aura eines Herzinfarkts? Das fragte sich Jakob, also jene kleine Hirnregion in ihm, die noch fragen und denken konnte. Alles andere gehörte schon wieder Anna.

III.

Sabine schaute auf die Uhr. Schon Viertel nach sechs. Wo blieb Jakob nur? Sie hatte mittags auf ihre Enkeltochter aufgepasst und war extra rechtzeitig aufgebrochen, um ihm seine Rouladen zuzubereiten. Er war ihr in letzter Zeit so zerstreut vorgekommen, so abgeschlagen und müde. Da wollte sie ihn ein wenig aufmuntern, mit seiner Lieblingsspeise überraschen und einen gemütlichen Abend einläuten. Dazu Boullionkartöffelchen. Die würde er zerdrücken und die Sauce mit der entstehenden Masse aufnehmen. Das war seine Angewohnheit, schon seit sie das erste Mal dieses Gericht zubereitet hatte. Sabine schüttelte den Kopf und lächelte. Eigentlich verrückt, die ohnehin schon durch die Brühe angefeuchteten Kartoffeln noch zu zerdrücken, damit sie weitere Sauce aufnehmen würden.

Endlich hörte sie den Schlüssel im Schloss und die Tür, die mit einem lauten Knall zuschlug. „Hallo Liebes, bin da", rief er ihr trocken aus der Diele zu. Und schon knallte die nächste Tür. Die zu seinem Arbeitszimmer. Wollte er ihr denn nicht einen Kuss geben und sich zum Essen an den Tisch setzen? Beunruhigt ging Sabine nach ihm schauen. Sie fand ihn hinter seinem Schreibtisch sitzend, die Arme aufgestützt und das Gesicht in den Händen vergraben. Er schaute nicht auf, als sie die Tür öffnete.

„Jakob, was ist denn los mit dir? Ich habe Rouladen gemacht. Die magst du doch so gern." Er regierte nicht. „Jakob, geht es dir nicht gut?"

„Schlecht – Ruhe " und so etwas wie „Lass mich" vermochte Sabine aufzuschnappen. Viel mehr nicht. Sie ging auf ihn zu, stellte sich hinter seinen Stuhl und begann zaghaft über seinen Rücken zu streichen. Eine grobe Abwehrbewegung ließ sie abrupt innehalten. Er schüttelte geradezu die Berührung ihrer Hände von sich ab. Betroffen trat sie einen Schritt zurück. Die Lage war ernst, das verstand sie sofort. Und es deutete nichts darauf hin, dass Jakob zur Aufklärung der Situation etwas beitragen wollte. Wie zur Salzsäule erstarrt stand Sabine da, noch eine ganze Weile. Die erfahrene Zurückweisung verletzte sie tief.

Seinerseits war es nie die ganz große Liebe gewesen. Das wusste sie seit der ersten Begegnung. Irgendetwas hielt ihn davon ab, sich ihr ganz hinzugeben. Oder er war eben nicht der Typ dafür. Sie erblickte in Jakob schon im ersten Augenblick ihren Traummann. Lange Jahre lagen hinter ihnen, in denen sie immer hoffte, ihn auf ähnliche Weise für sich gewinnen zu können. Sabine war diesem Mann, der Liebe zu ihm und der daraus entstehenden Kleinfamilie, völlig ergeben, und deshalb irritierte sie anfangs sein Zögern, ärgerte sie seine Zurückhaltung, wenn sie ihm überschwänglich um den Hals fiel, bis sie sich damit abfand, dass er wohl anders liebte als sie. Er hatte sie geheiratet. War das nicht das Zeichen seiner tiefen Zuneigung gewesen?

Doch Sabine kannte den Unterschied zwischen Zurückhaltung und Zurückweisung sehr gut. Und das gerade eben war eine herbe Abweisung ihrer Person, wie sie sie von keinem je erfahren hatte. Kurz suchte sie in ihrem Kopf nach einem möglichen Vergehen, das sie begangen haben könnte. Denn sein Verhalten war gegen sie persönlich gerichtet. Das spürte sie. Er wollte mehr als seine Ruhe. Er wollte, dass sie im Erdboden verschwand. Sofort und für immer!

V.

Sie hatten wunderbare Tage in Paris, der Stadt ihrer Liebe, verbracht. Gerade waren sie von einem Spaziergang an der Seine zurückgekehrt. Hand in Hand. Sie erzählten dabei von ihren Eindrücken der letzten Zeit. Beide schwärmten von den Museen, der Mona Lisa, die sie nun endlich auch einmal gesehen hatten, von den kleinen Winkeln des Montmartres, der prachtvollen Kathedrale Notre-Dame und immer wieder von den kleinen Lokalen mit dem herrlichen Essen und dem guten

Wein. Herrlich war es gewesen. Eine Wohltat für Leib und Seele. Paris war nicht einfach die Stadt der Liebe, es war die Stadt ihrer Liebe.

„Mon amour", hatte sie ihm zärtlich ins Ohr gehaucht, den Mantel in einer eleganten Bewegung übergeworfen und sich auf den Weg gemacht. Er hatte das von vornherein nicht gewollt, dass Anna noch Baguette kaufen geht, jetzt, um diese Zeit, in einer fremden Stadt. Aber im nächsten Moment, er hatte den Klang ihrer Worte noch im Ohr, war sie verschwunden. Da hatte schon, wie aus dem Nichts, eine böse Ahnung von ihm Besitz ergriffen.

Auf den Käse- und Salamischeiben hatten sich allmählich Schweißperlen gebildet. Ähnlich den Perlen auf ihrer Stirn, wenn sie miteinander schliefen, früher stürmisch, dann aus Rücksicht auf das werdende Leben eher vorsichtig. Es war viel zu heiß im Zimmer. Nicht nur für den Käse und die Wurst. Beides wartete nun schon seit Stunden auf dem kleinen Bistrotisch neben der geöffneten Weinflasche und den zwei Gläsern, Annas mit Wasser gefüllt, darauf, verzehrt zu werden.

Als Anna nach einer halben Stunde noch immer nicht mit den Baguettestangen zurückgekehrt war, hatte Jakob besorgt aus dem Fenster geschaut. Bis er es nicht mehr ausgehalten hatte in ihrem Zimmer, das ohne sie nur ein entseelter Raum war, der vom Wechsel der Gäste über die Jahre hinweg schon ganz müde und altersschwach geworden war. Die Tapete ergraut, die Gardienen erschlafft und der Teppichboden ausgetreten. Die ganze Nacht war er umhergeirrt durch die Straßen von Paris, ging in die Cafés und Bars, war bei der Polizei gewesen. Ohne Erfolg. Das große Maul der Stadt hatte Anna einfach verschluckt. Das geschah an einem Frühlingsabend vor 40 Jahren.

VI.

Jakob hatte die Rouladen stehen lassen und verschwand wortlos in seinem Bett, zog die Decke über den Kopf und schlich sich am nächsten Morgen so früh aus dem Schlafzimmer, dass er ebenso stumm und ohne Frühstück das Haus verlassen konnte.

Er fürchtete, erneut Sabines Bemühen herauszufordern. Ihr andauerndes Besorgtsein um ihn, das ihre Anfangszeit prägte, aber auch bei jedem kleinen Konflikt sofort wieder zunahm und ihn oftmals bis zum Würgen an die Bemühungen seiner Mutter erinnerte. Bis er, allein um dieses Bemühen zu ersticken, meistens klein beigab. Vielleicht lag das auch ein wenig an seinem schlechten Gewissen, das ihn seit geraumer Zeit, immer wenn er ihrer beider Leben überdachte oder Sabine direkt in die Augen schaute, plagte.

Heute fühlte er sich wieder mies. Richtig gemein spielte er Sabine mit. Dieses elendige Versteckspiel, das Taktieren und Herauszögern kannte er an sich aus früheren Tagen. Und er hatte gedacht, dass diese Stimmung, die früher seiner Unentschlossenheit, seinem Warten und Nicht-Aufgeben-Wollen geschuldet war, vorbei und der Geborgenheit des geordneten Familienlebens gewichen sei. Dabei hat das, was er für Sabine empfand, nie an die Intensität des Gefühls herangereicht, welches er Anna entgegengebracht hatte. Anna mit seinem Kind in ihrem Leib. Aber Jakob hatte sich abgefunden mit seinem Schicksal, und irgendwann erwiderte er dann das Werben von Sabine. Bis zu einem gewissen Grad hatte er damals diese Beziehung wachsen lassen, aber dann, im Ringen um seinen Verlust, mehr Verweigerung als Begehren an den Tag gelegt. Sabine schien das damals egal zu sein. Sie war sich ihrer Sache sicher, dass er der Richtige für sie sei. Alles Weitere würde sich schon geben, wenn er sich nur einlassen könnte auf sie und das zarte Geflecht gegenseitiger Zuneigung.

An diesem Morgen war Jakob also erwacht wie nach einer durchzechten Nacht. Mit einem mächtigen Kater. Zumindest dachte er, dass sein letzter vor vielen Jahren sich wohl so angefühlt haben musste. Immer genügsamer war er mit den Jahren geworden. Nur für seine Forschung brannte er noch. Dabei war ihm seine Familie als Hintergrund immer wichtig gewesen und geblieben. Bei seinen Lieben hatte er sich zu Hause gefühlt. Aber diese Bindung, und das hatte er schon öfter wohlwollend registriert, beengte ihn nicht so wie sein eigenes Elternhaus. Sie war die Basis für sein eigentliches Leben, die Forschung, die Forschung und noch mal die Forschung. Große Erfolge hatten seiner Karriere einst zum Durchbruch verholfen. Doch schon seit geraumer Zeit wurden ihm die Mittel knapp. Seine Anträge wurden immer öfter abgelehnt, und er zehrte von Finanztöpfen früherer Zeiten. Irgendwie deckte seine Forschung nicht mehr den zeitadäquaten Mainstream ab, den es brauchte, um bei der Mittelbewilligung die Nase vorn zu haben. Vielleicht aber passte eben auch diese seine Nase den beurteilenden und empfehlenden Kollegen nicht mehr. Zu viel hatte er sich eingemischt und mit kritischem Geist die Arbeit des einen oder anderen Kollegen beäugt. Gestern konnte Jakob auf jeden Fall wieder dieses Brennen spüren, als er sich mit der Kollegin von der Genetik austauschte. Da war der Funke übergesprungen. Der Funke, der das Feuer der Forschung entfacht. Wirklich spannend, was sie zu berichten hatte. Vielleicht ein Ansatz, der auch sein ins Stocken gekommene Projekt wieder zum Laufen bringen konnte.

Aber das alles schien meilenweit entfernt von dem Jakob, der an diesem Morgen erwacht war. Verkatert, vom Schmerz des vergangenen Tags gezeichnet. Lohnte es überhaupt aufzustehen? Doch im nächsten Moment schon hatte er aufrecht im Raum gestanden, sammelte seine Kleidung zusammen und holte sich aus dem Schrank einen frischen Pullover. Dabei griff er spontan nach dem roten Pullover, den er von Sabine zum Geburtstag geschenkt bekommen hatte. Unter entsprechendem Protest, dass dieser viel zu auffällig für den Unibetrieb sei, hatte er ihn ganz hinten in seinem Schrank versteckt. Nur eine kleine rote Ecke stach ihm ins Auge, und schon traf er seine außergewöhnliche Wahl, die allein seiner Vorfreude geschuldet war.

Eine halbe Stunde später fand er sich, begleitet von den ersten Sonnenstrahlen, am Eingang des Botanischen Gartens wieder. Eilenden Schrittes hatte er die Albert-Schweizer-Straße gerade noch vor einem heftig hupenden Auto überquert, streifte das Gebäude der Anthropologie, ließ die Grüne Schule rechts liegen, und schon befand er sich auf der Zielgeraden. Die mächtige Rundbuche rechts, die ihren Luxuskörper sonnte und sich auf dem Platz des ehemaligen nierenförmigen Teichs völlig frei entwickelte, zeigte mit ihrem prächtigen Dach, was in ihr steckte. Der links angelegte Rosengarten brauchte wohl noch einige Wochen, bis er ihr in herrlichster Blüte alle Blicke abspenstig machen würde. Die beeindruckend hohe Douglasie interessierte Jakob an diesem Morgen aber genauso wenig wie all die anderen Bäume. Sie mochten so schön sein, wie sie wollten. Er hatte nur sein eines Ziel vor Augen. Im nächsten Moment näherte er sich dem großen, den Weg überspannenden, Zentralpavillon. Ursprünglich Planlaube für die vier Systemblöcke der Pflanzen hatten sich nun Schlingpflanzen ihrer tragenden Säulen bemächtigt. Ihre schon welken, Pfeifen ähnlichen Blüten hingen traurig herab. Kleine Grüppchen bevölkerten die Tische, und melodisches Plaudern erfüllte die Luft. Doch Jakob hörte nur ihren Ruf. Anna erwartete ihn, das konnte er spüren. Es war wie ein heimliches Rendezvous zur frühen Morgenstunde. Er freute sich riesig auf Anna, seine Anna, wie sie vom weichen Morgenlicht angestrahlt werden würde. Soeben konnte er sie ausmachen. Aus dieser Perspektive sah es aus, als stünde sie direkt neben der sie überragenden Birke. Aber sie hatte ja ihr eigenes Feld zu Füßen, das wusste er noch von gestern. Der Wind trieb ihm die sich mischenden Gerüche der Blätter und Blüten des sie umgebenden Pflanzengartens entgegen. Selbst die Seerose in dem ihr zu Füßen liegenden Teich glaubte Jakob riechen zu können. Und wieder empfing sie ihn mit den Armen über dem Kopf, damit er ihre Brüste nehmen und sie küssen würde. Dabei umspielte ein verschmitztes und lüsternes Lächeln ihre vollen Lippen.

„Liebste, ich komme schon, ich komme zu dir!" Und da stand er vor der Statur aus Bronze. Fassungslos prallte sein Verlangen an der metallenen Oberfläche ab. Noch einmal wollte er sich mit dem Mund zu ihren Brüsten hin bewegen, und wieder ging keine Wärme, sondern frostiges Erstarren in ihn über. Das eisige Gefühl der Verbitterung überkam ihn. Bis im nächsten Augenblick die Erkenntnis in ihm aufblitzte, dass seine Anna in genau dieser Pose hier öffentlich zur Schau gestellt wurde. Ihre Brüste den schamlosen Blicken anderer ausgesetzt. Das empfand er als brutal, das überstieg seine Vorstellungskraft und Leidensfähigkeit. Jakob taumelte. Er hatte Anna für tot gehalten, dachte, dass man sie entführt und misshandelt hätte. Aber das schien ihm alles nichts gegen das zu sein, was ihn hier überrollte. Die Wollust verwandelte sich in einen stechenden Schmerz, wie ein Dolch, der in eine offene Wunde gestoßen wird. Immer höher schlug ihm das Herz. Alles drehte sich, und Dunkelheit kam über ihn.

VII.

Was hatte sich der Künstler nur dabei gedacht? Wie konnte er seiner Anna so nahe gekommen sein? Welche Gefühle hatte Anna in diesem Mann geweckt? In den folgenden Tagen entwickelte Jakob einen besonderen Eifer und recherchierte. Zum Glück konnte er recht bald den Kustos, dem er wie zufällig über den Weg lief, in ein Gespräch verwickeln. Der Ankauf der Statue seitens des Botanischen Gartens war gar nicht lange her. Geschaffen hatte der Künstler diese Plastik in den späten 60er-Jahren des letzten Jahrhunderts. Er musste Anna also gekannt haben, hatte sie vielleicht sogar verführt, um solch intime Kenntnisse von ihrem Körper zu erlangen. Denn wie hatte der Künstler sonst von der kleinen Wölbung ihres Bauches unterhalb des Nabels wissen können? Jakob platzte fast vor Eifersucht und nahm die Witterung dieser Spur auf.

Alles hatte angefangen, als Jakob das erste Mal durch den Botanischen Garten spaziert war. Nun sollte Jakob das erste Mal in seinem Leben mit dem künstlerischen Schaffensprozess konfrontiert werden. Ein recht umfangreiches und vielseitiges Werk, soweit er es beurteilen konnte, hatte dieser Reinhold Petermann erschaffen. Zahlreiche Bauten an öffentlichen Plätzen und Ausstellungen an verschiedenen Orten zeugten vom großen Können und von einer stattlichen Anhängerschaft. Sammler und Kritiker waren sich einig, was die Beurteilung dieses imposanten Gesamtwerks betraf. Jakob hatte sich umgehört und traf ausschließlich auf eine Fangemeinde, sei es von Käufern, Kollegen, Schülern oder nahen Freunden. Überall erzählte man sich von dem beeindruckenden Petermann, der vielen Menschen so viel zu geben vermochte. Dreh- und Angelpunkt waren wohl auch die ausladenden Galeriefeste im Haus des Künstlers. Mit Musik und Buffet, das die Ehefrau Hannelore stets liebevoll arrangierte. Und dann waren da noch die Aktzeichenkurse. Ob das wohl eine Art des Zugangs sein könnte, bei dem Jakob mehr über den Künstler erfahren würde? Zweifelsohne wäre das eine Begegnung, Eins zu Eins im geschützten Rahmen eines Kurses. Aber traute er sich das zu? In der Schule war ihm jeglicher Sinn für Kunst abgegangen. Mit Graus erinnerte er sich an die dort gestellten gestalterischen Aufgaben. Eine Qual bedeutete für ihn das weiße Papier, das es zu füllen galt. Jakob war froh gewesen, als er den Kunstunterricht abwählen konnte. Und nun wollte er sich freiwillig für einen Aktzeichenkurs anmelden?

Beim ortsansässigen Galeristen des Künstlers, den er natürlich als verkappter Interessent besucht und in ein Gespräch verwickelt hatte, konnte er so einiges erfahren. Über „den Reinhold", wie sie alle liebevoll die Nähe zu ihm betonten. Und eben dieser Galerist hatte Jakob dann eine gerade anwesende ältere Dame vorgestellt, die dort unter dem Dach des Künstlers den Aktzeichenkurs besuchte. Eine wirklich nette Gruppe, schwärmte die alte, aber mädchenhaft strahlende Zeichenschülerin.

Ganz gerührt erzählte sie vom Meister, wie sie sich unter seiner Anleitung weiterentwickelt habe. Und immer positiv sei er, das färbe ab und motiviere sie stets. Allein deshalb seien die Abende für sie so wichtig. In zwei Wochen würde ein neuer Kurs beginnen. Das wäre doch die beste Gelegenheit für Jakob, aufzuspringen, wenn er Interesse hätte. Sein Interesse setzte die resolute Dame wohl voraus. Aber sie hatte damit gar nicht Unrecht. Das wäre wirklich eine tolle Chance, dachte Jakob.

In was war Jakob da hineingeraten? Im Stehen sollte er aus dem Schwung des ganzen Körpers und insbesondere seines Armes heraus mit einer großen Bewegung für den Strich ausholen und diesen dann, einem inneren Fluss folgend, auf das Blatt Papier vor sich bringen. Dabei galt es, den Körper der jungen Frau auf dem Podest zu erfassen und auf das Papier fließen zu lassen. Er hörte die Worte, aber er verstand sie nicht.

Mit dem festen Willen, sich durchzubeißen, hatte sich Jakob für eine Probestunde des Aktzeichenkurses von Reinhold angemeldet. Hier duzte man sich. Etwas ungewohnt für Jakob, aber er musste mitmachen, damit er dahinterkommen konnte, was es mit dem Künstler auf sich hatte, wo sein Geheimnis verborgen lag. Danach lechzte

Jakob. Mit voreiligen Fragen würde er viel verderben, das spürte er. Gewieft wie ein Fuchs und mit konzentrierter Ausdauer musste diese Sache angegangen werden, die sich so völlig von seinen Forschungsprojekten, wo man es mit der Realität und ihren festen wissenschaftlichen Gesetzen zu tun hatte, unterschied.

Gleich am ersten Abend prallten ihre Standpunkte aufeinander. Denn sie hatten zwei völlig unterschiedliche Auffassungen von der Wirklichkeit, so wie sie Reinhold sah, erklärte und festgehalten haben wollte, und wie sie sich Jakob bislang erarbeitet hatte. Es ging bei der Technik, die Jakob zu lernen vorgab, nicht darum, Gesehenes genau abzumessen, um es sodann möglichst wirklichkeitsgetreu abzuzeichnen. „Ihr sollt nicht jedes Speckröllchen und jede Falte abzeichnen, sondern die Figur als Ganzes sehen und das Wesentliche erfassen", erklärte Reinhold. Der Künstler sprach von „begreifen" und meinte gegenüber dem gewöhnlichen Sprachgebrauch etwas völlig anderes. Und wenn man eine Sache begriffen habe, dann zeige sich das in der Zeichnung, im Aquarell oder in den zahlreichen Plastiken, die Reinhold im Laufe seiner Jahrzehnte ins Leben gerufen habe. Somit schaffe der Künstler im Begreifen ein Abbild des Verstandenen, so ähnlich hatte es Reinhold ihm erklärt, als er, am Rande der Verzweiflung, die Linien des vor ihm in völliger Nacktheit zur Schau gestellten Modells millimetertreu auf das Papier bannen wollte.

„Kommen Sie doch einfach mal am Dienstag vorbei, 18 Uhr. Da können Sie dann sehen, ob das was für Sie ist." So hatte die freundliche Stimme am Telefon ihn einige Tage zuvor eingeladen, als Jakob nach mehreren verzagten Anläufen, bei denen er immer wieder aufgelegt hatte, sich fast trotzig angesichts des ihm versagenden Mutes als Interessent für den nun bald startenden Aktzeichenkurs ausgegeben hatte.

Klopfenden Herzens war er dann doch erschienen an diesem Dienstag, über die steile Treppe hinauf in die hauseigene Galerie, und da stand er zum ersten Mal vor ihm. Klein, freundlich, in eine dicke Strickjacke gehüllt. Reinhold beeindruckte ihn sofort durch eine Warmherzigkeit, die Jakob lange nicht so intensiv erfahren hatte, und er lachte gern, was er schon bald ausgiebig zeigte. Jakob war völlig perplex, wie unkompliziert diese erste Begegnung vonstattenging. Viele Nächte hatte er wach gelegen und sinniert, wie er dem Künstler in die Augen sehen sollte. Mit bohrendem Blick bis dieser einknicken, klein beigeben und ihm sodann sein Herz ausschütten würde, warum und unter welchen Umständen er Anna so nahe gekommen sei. In manchen Nächten entschuldigte der Künstler sich sogar bei Jakob und brach anschließend in Tränen aus, ob der großen Schuld, die er damals auf sich geladen habe. Doch das waren bloß Träume und Erwartungen gewesen.

Jetzt musste Jakob sich der realen Konfrontation stellen. Nichts aber auch gar nichts von seinen nächtlichen Fantasien war in dieser ersten Begegnung zu spüren. Völlig selbstverständlich war seine Aufnahme in die aus sechs weiteren, lernwilligen Menschen bestehende Gruppe. Ob er schon über eigene Arbeiten verfüge, welche Techniken er ausprobiert habe, wollten die Teilnehmer wissen. Reinhold wies ihm einen Platz zu, ziemlich nahe dem Podest, auf das sich eine Weile später ein splitternacktes Mädchen, fast etwas gelangweilt, in Pose legen sollte. Seine Irritation erspürend beruhigte Reinhold den Neuling mit einer ausführlichen Erklärung, dass sein Herzklopfen leider Gottes nach wenigen Minuten verschwinden werde. Denn das, was man sich so unter Aktzeichnen vorstelle, dort könne man ungeniert

Nacktheit betrachten, würde nicht stattfinden. Das würde ganz schnell langweilig. Man müsse hier eben dieses Modell zeichnen, und das sei für die vermeintlich erotische Stimmung einfach tödlich.

„Da geht jede Sinnlichkeit verloren. Sinnlichkeit geht sowieso schnell vorbei, wenn man einen nackten Körper längere Zeit ansieht." Dazu zitierte Reinhold lachend: „Nacktheit, die man immer sieht, wirkt deprimierend aufs Gemüt." So könne Aktzeichnen ziemlich schnell zu einer langweiligen Disziplin ausarten. Es sei wirklich erstaunlich, dass man eigentlich doch Interesse an dem jungen Mädchen haben müsste. Ein so nackter Körper wirke trotzdem auf die Dauer langweilig. Dann holt der Künstler weiter aus: „Und um den erotischen Effekt, der beim längeren Anblick eines nackten Körpers verpufft, wieder hereinzubringen, bin ich für meine Plastiken auf die Idee gekommen, das Modell in hochhackigen Stöckelschuhen stehen zu lassen" Dies sagte er mit einem verschmitzten Lächeln über dem runden bärtigen Gesicht. Das wäre schon bei mancher seiner Plastiken ein voller Erfolg geworden. Dann monologisierte Reinhold, dass alle Warmblüter auf ihren Zehen mit angehobenen Fersen stehen würden. Das wäre die natürliche Art zu stehen. Nur wir

Menschen hätten unsere Fersen heruntergelassen. Sein Redefluss war kaum mehr zu stoppen: „Dabei geht allerdings eine gewisse Eleganz verloren. Allein schon das Gehen spielt sich zwischen Ober- und Unterschenkelmuskel ab. Dann kommt erst der Fuß dazu. Das gibt immer wieder ein sich gegenseitiges Auspendeln. Man kann es besonders gut sehen in der klassischen Art zu stehen, dem Kontrapost, dem legeren Stehen auf einem Standbein. Das andere Bein, das Spielbein ist eingeknickt. Dadurch ergeben sich Verschiebungen im Becken und im Brustkorb und im Kopf, die bei jedem Menschen anders sind. Das ist quasi unerschöpflich. Alles gleicht sich ständig gegenseitig aus, sodass das ganze Gewicht im Grunde über der Ferse im freien Spiel ausgependelt ist."

Jakobs Gedanken schweiften ab. Außer Anna, Sabine und seinen Patienten hatten sich bislang keine Menschen einfach so in ihrer natürlichen Nacktheit vor Jakob präsentiert. Und schon mal gar nicht in einer Situation, in der er aufgefordert wurde, genau hinzusehen, um diesen Körper zu verstehen, wie es Reinhold ihm jetzt erklärte. Da gebe es Oberflächenspannungen, die miteinander korrespondierten, und weitere für Jakob wirre Erklärungen, was es bei einem menschlichen Körper zu entdecken galt. Er als Mediziner hatte seine spezielle, über Jahre geschulte Verständnisweise des menschlichen Körpers. Er war als hervorragender Diagnostiker bekannt. Doch die Teilnehmer an diesem Kurs sollten eine andere Sichtweise dieses ihnen in Nacktheit dargebotenen Köpers, der wirklich ziemlich schnell an Interesse verlor, erfahren. Dabei waren der Grad des Winkels, in dem der Arm zum Körper lag, und dessen messbare Länge völlig unwesentlich. Diese objektiven Informationen, die man mit Hilfe eines Geodreiecks spielend ermessen könnte, waren überhaupt nicht gefordert und sollten nicht auf dieses immer noch in seiner gnadenlosen weißen Fläche ihn angähnendes Blatt übertragen werden. Jakob musste irgendwie etwas anderes darin sehen. Das zu begreifen, fiel ihm sehr schwer.

„Herrgott noch mal, nein. Nicht so!" Reinhold kam wieder an Jakobs Tisch, legte verzweifelt eine offene Hand an sein Ohr und zeigte mit der anderen auf das bekritzelte Blatt, dessen Anblick dem Künstler wohl körperliche Schmerzen bereitete. Mit wenigen Bleistiftlinien korrigierte Reinhold direkt auf dem Blatt. Dabei zeichnete er locker aus dem Handgelenk, in einer organischen Bewegung, als würde seine Hand zu tanzen beginnen.

„Du musst großzügiger drangehen, nicht abmalen", versuchte es Reinhold erneut. „Ein Körper ist immer positiv und eine Wirbelsäule immer gerade." Jakob kam sich richtig ungelenk vor beim nächsten Strich und erst recht beim übernächsten, der sich gar nicht einfügen wollte in das, was der erste geschaffen hatte. Und schon wieder demonstrierte Reinhold mit einer kreisenden Bewegung seines rechten Armes ihm den notwendigen Impuls des freien Zeichnens. Aus einem großen Armschwung, so wie die kleinen Kinder malen, bevor sie in die Schule kommen und dort kreativ domestiziert würden. Genauso solle Jakob es Reinhold nachmachen. Nicht abzeichnen. Reinhold versuchte es noch einmal: „Auch ich habe zu Beginn erst herausfinden müssen, dass es nicht darum geht, den Akt abzuzeichnen, sondern etwas Adäquates herzustellen. Du musst begreifen, welchen sinnlichen Wert eine Form hat. Du musst die Ordnung des Objektes erkennen und in deine eigene übersetzen. Damit machst du es dir zu eigen. Mit dem Begreifen ergibt sich die Übersetzung des Gesehenen ganz von selbst." Reinhold führte mit Blick auf das Modell weiter aus: „Das zum Beispiel ist ein fester Körper mit Anfängen und Endungen. Die Anfänge und Endungen bestimmen erst einmal die Form des Körpers und auch die Erscheinung im Raum. Man muss diesen organischen Körper begreifen. Ein gespannter Muskel hat einen anderen ästhetischen Wert als ein entspannter. Eine Brust hat eine andere sinnliche Qualität als ein Knie oder so etwas. Wenn man das begriffen hat, dann geht das Zeichnen relativ automatisch. Dann wird man wieder ganz naiv wie ein Kind. Was man als Kind unbewusst macht, das muss man auf dieser Ebene wiedererlangen, indem man tatsächlich die Ordnung eines Objektes versteht. Das heißt sein System. Ordnung heißt ja, wie die Dinge zueinander in Beziehung stehen. Und auch die Qualität dieser Beziehung. Also die Wertigkeit einzelner Körperteile, also eines Objektes, zu kennen und dann natürlich mit eigenen Augen zu sehen und in die eigene Ordnung zu übersetzen. Die Form, die dann entsteht, ist in der Kunst wie die Grammatik in der Sprache. Ohne diese wäre die Sprache nur Gestammel. So hebt die Form ein Objekt in die Zeitunabhängigkeit. Du wirst es selbst herausfinden und erkennst dann, was dein Ding ist. Das musst du dann verfeinern und kultivieren. Und dann ergibt das etwas ganz Abenteuerliches." Jetzt schaut er in die Runde der anderen, die eifrig über ihren Papieren gebeugt waren und scheinbar keine Schwierigkeiten hatten. Der Künstler fuhr fort: „Man kann bei jedem Einzelnen dieser Gruppe das Modell erkennen, aber jeder fasst es ganz anders, auf seine persönliche Art und Weise. Auch mit verschiedenen Auslegungen. Jeder hat seine Sicht davon. Nie korrigiere ich diese Auslegung, sondern ich korrigiere nur, wenn sie das Prinzip verfehlt haben, wenn sie anfangen abzuzeichnen. Das werden dann meistens tote Linien, die noch mal nachgezogen wurden." Mit einem verneinenden Blick schaute Reinhold auf Jakobs Linien, die sein Blatt haltlos nach einer Ordnung suchend überquerten. Dann kommentierte er: „Da ist jede Spontaneität genommen." Nach einer kurzen Pause setzte er nach: „Das ist genauso wie beim Aquarell. So eine Zeichnung muss flüssig in einer halben oder viertel Stunde dastehen. Wenn nicht, dann kann man sie wegwerfen."

„Und jeder darf es anders malen und sehen?" Jakob fragte und blickte auf die Blätter der anderen Kursteilnehmer. „Natürlich", sagte der Künstler. „Von jeder Bewegung, jeder Position, die ein Mensch im Raum einnimmt, gibt es unglaublich viele Varianten. Wir sehen zum Beispiel alle das gleiche Aktmodell, trotzdem zeichnen wir dieses

Modell auf verschiedene Art. Aber eben auch mit verschiedenen Auslegungen. Das sind keine Philosophien oder bestimmte Ideen. Es ist der reine Körper, der in einer bestimmten Position steht, sitzt oder liegt. Und dabei zeigen sich noch mehr Zustände. Es hat eine andere Qualität, ob ein Bein entspannt ist oder, ob es als Stütze dient. Schau mal, der Arm jetzt hier, wie sie sich auf ihn stützt. Eine ganz andere Qualität als wenn er nur am Körper hängen würde. Alles ist eine Frage der Kombination."

Jetzt deutete Reinhold auf eine der Plastiken, die im Raum verteilt auf Sockeln standen: „Hier hast du eine diagonale Anordnung. Arm und Bein sind diagonale Stützen. Und die beiden Entspannten sind auch wieder diagonal. Aber das ist eine Sache, die ich nicht wissentlich mache, die ergibt sich einfach. So wie die Zeichnungen hier auf den Blättern. Erst hinterher habe ich dann gesehen, dass es so geworden ist. Das ist keine vorherige Berechnung. Es ist einfach eine Komposition im Stehen. Meist ist es so, dass ich Körper einfach nur im schieren Stehen im Kontrapost abbilde. Obwohl es sich hier um reine Statik handelt, interpretiert es jeder Künstler anders."

„Aber zuerst musst du einmal sehen lernen", verblüffte Reinhold den ungläubig schauenden Jakob: „Sehen lernen ist die Hauptaufgabe bei der Kunst. Man muss einen Gegenstand sehen, sich richtig damit befassen. Das heißt, man muss ihn begreifen, man muss ihn erkennen. Nur, was man so verinnerlicht hat, kann etwas werden. Das kann man nur machen, wenn man sich auch dafür interessiert." Er machte eine kleine Pause und schaute Jakob direkt in die Augen: „Du musst das schon richtig betreiben, dich richtig reinknien, wenn es was werden soll", ermahnte Reinhold ihn noch einmal.

Bei diesem Schnuppertermin wurden Saiten, die lange nicht in Jakob angeschlagen wurden, derart berührt, dass er fast verzweifelte. Nicht nur hinsichtlich der zu erlernenden Technik. Was ihn viel mehr beschäftigte, war die Sichtweise, die ihm hier abverlangt wurde. Nun hatte er die Sechzig schon längst überschritten, wusste, auf welche Erkenntnisse es im Leben ankam, und stand wieder am Anfang mit der Frage, was ihm dieser weibliche Körper sagen wollte. Wie gern hätte er sein Stethoskop ausgepackt, Laborwerte erhoben, um auf der Grundlage von messbaren Daten Erkenntnis zu generieren. Doch damit konnte er sich in diesem Kreis nicht behelfen. Jakob tappte im Dunkeln. Er konnte sich dem Körper nicht auf die gewünschte Sichtweise nähern, aber auch auf seiner eigentlichen Fährte, mit deren Witterung er Anna begierig näherkommen wollte, war er keinen Schritt weiter. Es war zum Verzweifeln!

Zu allem Überfluss musste Jakob sich eingestehen, dass er den fast neunzigjährigen Mann sehr sympathisch fand. Er strahlte eine Wärme und eine Zugewandtheit aus, wie beides selten anzutreffen ist. Reinhold scherzte gern und war ein prächtiger Gesprächspartner und geschätzter Vertrauter. Das konnte man den Beziehungen zu den Menschen anmerken, die sich in diesem Aktzeichenkurs versammelt hatten. Da gab es eine Andrea, eine Liesel, eine Renate, einen Peter, einen Gunter und eine Mechthild, die alle, jeder auf seine Weise, den Künstler richtig ins Herz geschlossen hatten. Es war schon eine schöne Atmosphäre. Doch Jakob wollte sich davon nicht beeindrucken lassen. Er hatte auch Reinholds Ehefrau kennengelernt und erfahren, dass dieses Paar bereits Goldene Hochzeit gefeiert hatte. Demnach müsste eine Affäre mit Anna zwangsläufig in die Zeit gefallen sein, in der der Künstler bereits verheiratet gewesen war. Und das konnte sich Jakob bei diesem Mann gar nicht vorstellen. Allerdings hatte der nun fast neunzigjährige Bildhauer für sein Alter und Jakobs Geschmack ein wenig zu viel von Erotik und Sinnlichkeit gesprochen. Jakob hatte gerade mal die 60 überschritten und maß diesen Dingen nicht mehr so viel Bedeutung bei. Alles blieb ein großes Rätsel.

VIII.

Lieber Volker!

Heute Morgen wurde ich wach und war 87. Wir haben das schon länger kommen sehen und haben uns, um den Feierlichkeiten zu entgehen, hier in Bad Soden-Salmünster zu einer kleinen Kur einquartiert.

Und nun komme ich auch dazu, mich für Deinen Brief, über den ich mich sehr gefreut habe, zu bedanken. Ich fühle mich sehr geehrt, dass Du immer mal wieder an mich denkst.

Der letzte Sommer war für uns ziemlich turbulent. Durch die Messe im Frühjahr hatte ich zwei größere Objekte zu machen. Außerdem entstanden noch einige kleine Plastiken. Und ich habe noch immer den Aktzeichenkurs, der dieses Jahr besonders erfolgreich ist. Ganz unbedarfte Leute, die bisher bestrebt waren, ein Model abzuzeichnen, machen plötzlich ganz abenteuerliche Zeichnungen.

Leider hatten wir aber auch einen Trauerfall. Unser Hund „Theo" ist im Winter mit 19 ½ Jahren gestorben. Das hat uns sehr getroffen. Glücklicherweise hat sich ergeben, dass unsere Tochter uns ihren Hund „Bonni" überlassen hat.

Mitunter war das alles schon stressig. Ich bin auch noch ganz fit und kann noch gut arbeiten. Was in meinem Alter wirklich ein Glück ist.

Hannelore ist da nicht so gut dran. Sie war ja früher die Aktivere. Und ist jetzt doch gesundheitlich sehr eingeschränkt. Wir kompensieren das etwas, indem wir öfter kleine Städtereisen machen. Z.B. waren wir jetzt in Koblenz. Dabei haben wir auch das Arpmuseum in Remagen besucht. Ein sehr interessanter Bau. Obwohl Arp nicht so mein Fall ist. Dann war im Ludwigmuseum Anselm Kiefer, den ich im Allgemeinen auch nicht so schätze. Aber da hatte er zwei Materialbilder, von denen ich ganz hingerissen war.

Eine Stadt, die wir auch zwei oder drei Mal im Jahr für zwei oder drei Tage besuchen ist Frankfurt. Es gibt da immer interessante Ausstellungen und Konzerte. Aber es hat auch eine Atmosphäre, die man erst entdeckt, wenn man da übernachtet.

Für Hannelore ist das sehr wichtig, damit sie aktiv bleibt. Im Gegensatz zu unseren größeren Reisen, die wir früher unternommen haben und die ich nicht so gerne mochte. Es tat mir immer Leid um die Zeit, die ich versäumte. Deshalb amüsiere ich mich bei diesen kleinen Trips viel mehr. Im Grunde bin ich nämlich ein Reisemuffel. Wir haben hier viele Freunde und Bekannte, mit denen sich zu unterhalten, viel interessanter ist.

Schade, dass wir uns so wenig sehen. Wenn Ihr mal nach Mainz kommt, könnt Ihr doch mal bei uns reinschauen.

Bis dahin viele Grüße auch an Mechthild

Reinhold

Lieber Reinhold!

Es gibt keinen bestimmten Anlass, weswegen ich heute mal schreibe und es gibt auch nicht viel zu schreiben, außer dass ich Euch bestmögliche Gesundheit und Heiterkeit wünsche und einen sonnigen Herbst. Anfang Juni ging es Hannelore nicht gut, wurde uns ausgerichtet mit Deinen Grüßen zusammen. Hoffentlich ist sie wieder ganz im Lot und guter Dinge und Dir immer mit und drumherum. Die großen Figuren, die Du vor einem Jahr in Arbeit hattest, sind wahrscheinlich inzwischen gegossen und aufgestellt. Ich „ritze" immer nebenbei kleine Bronzen und freue mich, wenn wieder ungefähr die Buchsbaumformen herausgucken. Bin an mehreren Figuren, groß bis klein, „gleichzeitig" dran, hab´ ein paar Portraits gemalt und einiges angefangen. Zwischen den verschiedenen Versuchen gibt es fast keine „Pausen" Du wirst sagen, so ist´s falsch. Aber es ist nun mal so. Nächste Woche feiern wir Schwiegermutters 90. Geburtstag. Dann mit 20 Studenten nach Kampanien. Mechthild leitet eine Pflichtexkursion für Archäologie-Hauptfächler (zusammen mit einer Kollegin). (Ich bin der blinde Passagier dabei). Das sind auch so Versuche, am eigenen Modell von ganzen, bzw. an einzelnen Aspekten, weiterzubauen – noch eine Zeit lang. Wenn ich am Arbeiten bin, dann verhalte ich mich eher autistisch, d.h. kom-

munikationsunfähig und erforsche „Spezialitäten". Du kannst das selbst gut, nur bist Du wahrscheinlich weniger abgekapselt. Mechthild hat an der Uni auch interessante Dinge vor und so kriege ich immer auch etwas von der alten Kunst mit; lese auch immer mal über Evolution (z. B. Joachim Bauer: Das kooperative Gen. Abschied vom Darwinismus, Jedenfalls Abschied von der Hypothese der „zufälligen" Organneubildung durch Mutation. Du kennst Dich da aus. Hab´ immer Glück und Freude! Herzliche Grüße auch von Mechthild, auch an Hannelore
Volker

Aus einem Brief von Helga:

… Es war immer schön bei Euch. Bald ist es wieder soweit. Ich freue mich und es ist ein schönes Gefühl, dass es Euch gibt. Welch großes Glück ist es, dass wir uns trafen und kennenlernten.

Dir, lieber Reinhold, besonderen Dank, dass Du mich das Abenteuer gelehrt hast.

Bis bald, bleibt beide gesund

Herzlichst

Helga

IX.

„Komm runter! Liebes, jetzt komm doch." Er flötete mit zärtlichem Nachdruck, als er sie dort erschrocken in schwindelnder Höhe wahrgenommen hatte. „Das ist so gefährlich", schob er weinerlich hinterher. Dann lauthals und ärgerlich: „Unverantwortlich, einfach unverantwortlich. Ich gehe jetzt!"

Sabine hatte ihn erst leise im Halbschlaf gehört. Dann, als Jakob sich unruhig im Bett hin und her wälzte, war sie endgültig wach geworden. Jetzt schüttelte sie ihn, da er auf ihre Berührungen nicht reagiert hatte.

„Nein, lass mich. Erst musst du runter. Sonst passiert noch ein Unglück." Endlich schlug Jakob die Augen auf und hatte offensichtlich einige Mühe, sich zu orientieren. Sabine war mittlerweile mit ihrem Gesicht über ihm und küsste ihn auf die Stirn.

„Lass mich! Was willst du denn", schrie er sie an und schob sie brutal zur Seite, sodass Sabine fast aus dem Bett fiel. „Lass mich. Warum lässt du mich nicht einfach?" Wütend, noch etwas taumelnd vom Schlaf, war er aus dem Bett gesprungen und versuchte nun das Bad zu erreichen. Dann fasste er sich plötzlich mit der rechten Hand an seine linke Brust und stützte sich mit der anderen Hand auf der Kommode ab. Sichtlich benommen von dem intensiven Traum verharrte er in dieser Position für einige Sekunden, bis er dann endlich den Weg ins Bad fand.

Dort angekommen, schloss er die Tür hinter sich zu und setzte sich mit letzter Kraft auf den Badewannenrand. Jakob konnte sich noch genau an diese Szene erinnern. Wie gestern erst geschehen, mutete ihn die Wiederholung im Traum an.

Damals war Jakob mit Anna verabredet. Im Park wollten sie sich treffen. Schon von weitem steuerte Jakob zielsicher auf den großen, den Platz dominierenden Kirschbaum zu, an dem sie sich immer trafen. Meistens war Anna früher da, gerade jetzt in letzter Zeit, wo sie es kaum abwarten konnte, sich an ihn zu schmiegen. Das Auf und Ab ihrer Stimmungen konnte selbst ihn aus der Fassung bringen. Himmelhoch jauchzend, zu Tode betrübt, genau das traf es. Als Jakob von der Schwangerschaft erfahren hatte, wollte er noch auf der Stelle heiraten. Anna gab sich da zögerlicher. Erst noch warten, erst noch den Prüfungsstress hinter sich bringen, erst nach den Urlaubstagen in Paris, die sie vor geraumer Zeit gebucht hatten. Immer wieder verschob sie den Termin, vergrub sich in ihre Arbeit oder fantasierte sich in eine glückliche Familienzukunft. Irgendwie haltlos schwankend, schien sie, die sonst so selbstbewusst ihren Weg ging.

Damals stellte sich Jakob zum verabredeten Zeitpunkt unter den Kirschbaum. Den in herrlicher Blütenpracht entfalteten Kirschbaum würdigte er dabei keines weiteren Blickes. Auch nicht die sich zu Ballen formierenden Blütenbüschel, die so zahlreich die geschwungenen Äste zierten, dass sie sich wie ein dichtes Dach über ihm erstreckten. Jakob hatte immer nur den Eingang im Visier, wo er Anna erwartete. Er freute sich auf seine Liebste. Sie wollten einen kleinen Spaziergang unternehmen und dann irgendwo einkehren. Aber jetzt sollte sie allmählich erscheinen. Da hinten sah er sie endlich. Nein, nur der Mantel war ähnlich, die schwarzen Haare gehörten ganz offensichtlich nicht zu seiner Anna. Komisch, schon zehn Minuten zu spät. Das war gar nicht ihre Art, ihn warten zu lassen. Da traf ihn etwas am Hinterkopf. Ein Blütenbüschel. Fahrig ordnete er sein Haar wieder. Dann wieder ein Blütenregen, der über ihn kam. Jakob schaute hoch zu der Krone. Dicht beieinander, Blüte an Blüte, wie von rosaroten Wattebäuschen gefüllt schienen sich die voluminösen Äste ihrer Last zu fügen. Beeindruckend selbst für Jakob, der jetzt eigentlich dafür keinen Sinn hatte. Gerade wollte er seinen Blick wieder dem Eingang zuwenden, als er noch im Augenwinkel etwas Irritierendes in der Baumkrone wahrnahm. Ein Gesicht das ihm zulächelte. Jakob schaute erneut durch die Blütenpracht. Da waren sie wieder die Augen, darüber der typisch freche Pony.

„Na, ich dachte, du findest mich gar nicht mehr", schmollte der Mund, den Jakob so gern küsste.

„Was machst du denn da oben? Komm runter, Liebes. Du tust dir noch weh." Jakob war besorgt, ihm war das Herz gestockt beim Anblick seiner Geliebten dort in schwindelnder Höhe. „Wie willst du da runterkommen", fragte er flehend.

„Vielleicht will ich gar nicht wieder runter", provozierte sie weiter.

„Jetzt mach' keinen Quatsch und sag' mir, wie du runter willst." Er war schon etwas ärgerlicher. So ein Leichtsinn in ihrem Zustand. Nur mühsam konnte er seine Wut über so viel Unachtsamkeit im Zaum halten. „Also, was machen wir jetzt?"

Anna fühlte sich offensichtlich recht wohl, da oben der Erde enthoben. Sie schien ganz in ihrem Element, als sie sich weiterhin weigerte: „Ach weißt du, es ist wirklich ein ganz besonderer Platz hier oben. Man hat nicht nur den Überblick über den ganzen Park, es ist auch besonders kuschelig und geborgen wie in Mutters Schoß", konterte Anna.

Diese Erfahrung konnte Anna nicht in ihrem Elternhaus gemacht haben, ging es Jakob bösartig durch den Kopf. Er wusste nur zu gut um Annas Verhältnis zu ihrer Mutter. „Rede nicht von Dingen, von denen du keine Ahnung hast." Er wollte sie jetzt wirklich verletzen. Das machte Anna umso trotziger. Und wenn Anna sich etwas vorgenommen hatte, dann konnte sie stur sein. Vielleicht im Moment nicht immer ganz so konsequent ihrem Zustand geschuldet. Aber Jakob hatte immer noch großen Respekt vor ihren Entscheidungen. Und mit so einem Satz konnte er sie so richtig zornig machen, das wusste er. Also lenkte er umsichtig ein: „Ich organisiere jetzt mal eine Leiter. Und dann hole ich dich vorsichtig runter", formulierte er ein Friedensangebot.

„Mache dir keine Mühe. Mir geht es hier wirklich gut. Ich brauche nichts von dir!", war der letzte Satz, den Anna an diesem Abend zu ihm gesprochen hatte. Jakob verharrte unter dem Baum. Erst als die Sonne endgültig untergegangen war, hangelte sich Anna geschickt am Baumstamm herab. Dann verließen sie schweigend den Park.

Was Jakob an diesem Abend nicht sehen konnte, war, wie bezaubernd Anna mit elfengleicher Anmut dort in dieser Baumkrone aussah. Auch entging ihm und das sollte ihm später noch größeres Unverständnis bescheren, dass Anna heute diesen Abstand zu ihm willentlich gesucht hatte. Jetzt nutzte sie die Mechanismen von Distanz und Schweigen, die sie in frühster Kindheit so in Not gestürzt hatten. Was Jakob, Naturwissenschaftler durch und durch, nicht wusste, weil er es nur mit seiner äußersten Antenne, die bei ihm allerdings selten zum Einsatz kam, hätte wahrnehmen können, war, dass Anna nur einen solchen unglücklichen Satz, wie er ihm in seiner Wut herausgerutscht war, herbeigesehnt hatte. Eigentlich spürte sie in letzter Zeit öfter das Verlangen, sich seinem überaus bemühten Zugriff zu entziehen. Es war sogar mehr als Bemühen. Anne fühlte sich wirklich eingeengt und überbehütet. Seit ihrer Schwangerschaft entwickelte er sich richtig zur Übermutter, die ihr Küken nicht aus dem Nest lassen wollte. Sie fühlte sich durch seine Fürsorge bevormundet, wie in einen goldenen Käfig gesperrt. Auch wenn die fürsorgliche Übergriffigkeit von Jakobs Mutter ihrem Sohn gegenüber wohlwollend war, so hatte Jakob doch auch darunter gelitten. Wieso tat er ihr das nun an? Er hätte es doch besser wissen müssen.

Heute konnte sich Jakob noch ganz genau an diese Szene erinnern. Auf dem Rand der Badewanne, am Rande seiner Welt, die ihm keinen Halt mehr bot, am Rand des Wahnsinns angesichts eines Traumes, der einmal Wirklichkeit war in einer Wirklichkeit, die sich für ihn heute wie ein Traum anfühlte.

X.

Der Künstler in Reinhold war immer auf der Jagd. Egal ob am Strand im Urlaub oder an der Supermarktkasse. Sein Blick schätzte in einem Sekundenbruchteil ab, ob dieser Körper als Modell geeignet wäre. Und dann legte er sich geduldig auf die Pirsch. Umrundete den Strandstuhl im Hoffen auf einen weiteren Blick oder verfolgte die Spur mit Einkaufswagen zum Auto, um einen aufschlussreichen Moment beim Bücken und Heben der erworbenen Lasten zu erhaschen. Manchmal bescherte ihm das auch gewaltigen Ärger und die wildesten Unterstellungen. Aber wahre Leidenschaft findet ihren Weg.

Und diese Leidenschaft bahnte sich schon in seiner frühsten Jugend an, wovon er immer wieder gern im Rückblick auf sein Leben berichtete, wenn er wiederholt insistierte, dass dies ein überaus glückliches gewesen sei. Sobald dann ein fragendes Gegenüber mehr wissen wollte, was denn das Glück für ihn konkret bedeutete, so legte Reinhold los: „Glück ist, wenn man mit sich im Einklang das tun kann, wozu man eigentlich geboren ist." Das führte er für den geduldigen Zuhörer weiter aus: „Als Kind hat man zwar keine festen Vorstellungen vom späteren Leben. Aber, wenn ich's mir heute überlege, war mein Anliegen von Anfang an, mir ein Bild von Dingen zu machen und diese mir dadurch anzueignen, sie zu begreifen. Ich war dann immer glücklich, wenn ich entweder technische Sachen basteln oder eben schnitzen oder auch malen konnte. Das war etwas, was in der damaligen Zeit völlig absurd war. Auf einem kleinen Dorf in der Position, die meine Eltern hatten, war das ganz abwegig." Dabei lachte Reinhold und erzählte munter fort: „Das erste Mal richtig glücklich war ich, als ich merkte, ich kann tatsächlich etwas nachbilden. Das war ein ungeheures Glücksgefühl. Als ich zum ersten Mal ein Mädchen, in das ich richtig verliebt war, aus Fichtenrinde schnitzen konnte. Das war mein erstes Menschenbildnis. Vorher hatte ich Modelle von Flugzeuge und Autos gemacht. Auf diese Weise hatte ich etwas zu spielen, denn wir waren arme Leute. Meine Glücksmomente später oder auch heute noch. Ich bin immer glücklich, wenn ich etwas plastisch begreifen, also im Atelier erschaffen kann. Ich konnte damit alles kompensieren. Selbst durchaus prekäre Situationen, die es in meinem Leben gab. Das denke ich, ist mein Glück."

Und wenn ihm seine Modelle nicht im richtigen Leben erschienen, dann bediente er sich seiner Eindrücke aus Zeitschriften. So hatte er eines Tages in einer Zeitschrift ein Bild gesehen von der österreichischen Tennisspielerin Barbara Schett. Sie saß sehr dekorativ im Sessel. Die Beine ganz groß, der Körper klein. Dahinter entdeckte der Künstler sogleich sein inneres Bild von dieser Szene. Dies hat ihn direkt animiert, eine Plastik zu machen. Oft waren irgendwelche Eindrücke oder Bilder in Zeitungen Ausgangspunkt seiner Werke. Jedes Mal traf es ihn wie ein Blitz und dann musste er sich davon ein genaueres Bild machen. Die

Kleinplastik mit dieser Frau im Sessel hatte ihm keine Ruhe gelassen, bis sie als Kunstwerk vor ihm stand. Den Sessel hatte er nur in einen vier Millimeter Draht geschweißt und die Figur hing frei darin. So entstand ein wunderschöner Kontrast. Die überlangen Beine mit den großen optischen Einbrüchen als Kontrast zu der sonst füllig durchgearbeiteten Oberfläche und die ganze Komposition an sich, die den Hintergrund freigaben. Eine Komposition von Nichts und Plastik, wie er immer betonte, wenn er stolz darauf hinwies, dass diese Plastik sogar überlebensgroß im Foyer die Besucher der Mainzer Rheingoldhalle empfing. Im Schaffensprozess dieser Großplastik hatte der Künstler eine schlimme Diagnose erhalten. Aber fragte man ihn später nach seiner Erkrankung, so antwortete er immer auch im Gedenken an die intensive Entstehungszeit dieser „Frau im Sessel": „Das hat mich kurz geschockt. Aber dann dachte ich mir, ich müsse auf jeden Fall noch diese Plastik fertig bekommen. Alles andere war mir egal. An der Plastik habe ich ein ganzes Jahr gearbeitet und von Anfang bis zum Ende alles selbst gemacht. Das war schon eine ziemlich bedeutende Sache für mich, besonders in dieser Größe. Darüber habe ich dann alles andere vergessen."

Um den Künstler war es auch geschehen, als er eines Tages das Bild einer Olympiasiegerin im Fernsehen sah. Immer, wenn er auf seine „Siegerin" angesprochen wurde, erstrahlte er und schwärmte: „Sie stand da und hatte genau diese Haltung. Das hat mich unglaublich fasziniert. Diese Plastik gelang mir unglaublich. So schön, so fein, an der ist alles richtig. Meines Erachtens gibt es in der ganzen Kunstgeschichte keine, die besser gelungen wäre. An der stimmt alles. Da bin ich ganz happy mit."

Auf diese Weise schuf er zahlreiche Frauenplastiken. Das zu betonen, wurde er nie müde: „Das war mein eigentliches Ding." Damit meinte er dann, seine intensive Studien des menschlichen, insbesondere des weiblichen Körpers. Da sollte sich wie von selbst das Eine gleichsam aus dem Anderen ergeben.

Männerkörper waren für ihn aus einem ganz anderen Grund interessant. Danach befragt, erklärte Reinhold gern seine Sicht auf den Mann: „Wenn der Männerkörper als Plastik durchgestylt ist, dann ist er rational. Dann tritt alles klar zu Tage. Es gibt nicht diese weichen Drehungen, wie bei einem Frauenkörper, die nie ganz bestimmt anfangen und enden. Sondern es ist alles klar gegliedert. Und, wenn man das übertreibt, dann sieht das aus wie ein Sack voller Nüsse. Bei einem Männerkörper ist es viel schwerer, Ordnung hinein zu bekommen und auch Wertungen vorzunehmen. Weil alles sehr viel prägnanter ist. Das war zwar nicht unbedingt mein Ding, aber es ist mitunter eben auch mal ganz interessant."

Zu seinem Glück, wie er es immer wieder betonte, war der Künstler durch eine langjährige Festanstellung als Restaurator im Römisch Germanischen Zentralmuseum finanziell unabhängig. Somit musste er auf keine Wünsche seiner Kunden Rücksicht nehmen, konnte immer frei schaffen. Das erfuhr auch das Ehepaar, passionierte Tangotänzer, aus dem Hessischen, das bei dem Künstler ein Tangopaar in Auftrag gab. „Das ist mir sofort eingegangen. Ich habe mir Tangoplatten gekauft und auch Videos mit südamerikanischen Tangoszenen. Plötzlich war ich ganz versessen auf Tango", schwärmte der Künstler immer, wenn die Sprache auf seine „Tangotänzer" kam. Dann setzt er entsetzt nach: „Aber die wollten das Paar nackt! Das kann man doch nicht machen. Das sieht unmöglich aus."

Geschichten hatten in seinen Plastiken nichts zu suchen. „Ich wollte mit meinen Plastiken nie

Geschichten erzählen", sagte er oft, wenn ein Betrachter ihn nach der Bedeutung einer Plastik fragte. Wer Geschichten erzählen wolle, der solle ein Buch schreiben. Für Reinhold war nur die reine Plastik interessant. Also das geschaffene Werk. So wie es Gertrude Stein, die er gern an diesem Anlass zitierte, beschrieb: „Eine Rose ist eine Rose ist eine Rose." Für ihn war eine Plastik eine Plastik. Die des „Menschenpaares" zum Beispiel hätte man auch „Begegnung" oder „Mann und Frau" nennen können. Doch irgendeine Idee und Geschichte dahinter sei für das Ganze nicht ausschlaggebend. Es ginge um das Gebilde und die Form.

Trotzdem war Jakob felsenfest davon überzeugt, dass den Künstler mit der *Elisabeth* doch eine besondere Geschichte verbinden müsste. Und dieser wollte er unbedingt auf die Spur kommen. Wie konnte das nur gelingen?

XI.

Von Zeit zu Zeit luden der Künstler und seine Ehefrau zu Ausstellungen, Musikveranstaltungen und Festen in die hausinterne „Galerie an der Steige Zwei". Eine solche Gelegenheit wollte sich Jakob nicht entgehen lassen. Da diesmal die Teilnehmer des Aktzeichenkurses ausstellten, hatte er sich den zahlreich ausgesprochenen Ermunterungen, diesen Abend nicht zu versäumen, auch nicht widersetzen wollen. So saß er nun mitten von offensichtlichen Petermann-Fans in gespannter

Haltung, was ihm dieser Abend bringen würde. „Immer wieder gelungen diese Einladungen", sprach ihn die Dame an seiner linken Seite an. „Und natürlich freue ich mich auch auf das Buffet von Hannelore. Reinhold sagte mir neulich ganz stolz, Hannelore gestalte richtige Kunstwerke."

„Na, dann bin ich mal gespannt", antwortete Jakob und outete sich damit als ein noch etwas skeptischer Neuling.

„Das können Sie wirklich. Super lecker!" Mit einem kleinen Ellenbogencheck verwies die Dame Jakob auf eine Teilnehmerin des Aktzeichenkurses, die gerade die Bühne betrat und zu einer kleinen Rede ansetzte:

„Ich begrüße euch herzlich und bedanke mich besonders auch bei euch, Reinhold und Hannelore, dass wir vom Aktzeichenkurs in euren schönen Räumen ausstellen dürfen.

Da ich mit Renate und Sigrun die älteste bin, und wir schon 30 Jahre von Reinhold lernen, kenne ich den Künstler sehr genau. Er war uns in diesen 30 Jahren ein grandioser Lehrer. Anfangs in Unizeiten ein sehr strenger Lehrer, der uns das Handwerk, die Kunst des Aktzeichnens und des Bildkomponierens, wirklich eingepaukt hat.

Jetzt ist er ein sanfter, ein großzügiger, geduldiger, besonderer Lehrer. Ein weiser Meister.

Wir danken ihm für sein Arbeiten mit uns, für seine Hilfe, seine Geduld, seine Großzügigkeit, wir danken für sein Dasein!

Vielen Dank Reinhold und auch dir, liebe Hannelore, für die kulinarische Unterstützung mit deinen herrlich gestalteten Buffetplatten."

Gerührt betrat der Künstler die Bühne und bedankte sich mit einem Handkuss bei seiner Schülerin für die schönen Worte, aber auch für den Fleiß und das Engagement des ganzen Kurses. Alles sehr gelehrige Menschen, lobte er.

„Jetzt kommt sicher ein Gedicht. Ich freue mich schon drauf." Wieder machte sich Jakobs Nachbarin bemerkbar. Und so geschah es dann auch. Reinhold lehnte sich mit seinem Oberkörper zurück, nahm die rechte Hand mit dem Zeigefinger gestreckt nach oben und setzte an:

Soirée

Redner reden, Geiger geigen,
Leute sitzen da und schweigen,
Sänger singen, Bläser pusten,
manchmal muss auch einer husten.
Dann kommt ein Fortissimo,
Pause ist, man geht auf's Klo.

Nach der Pause Neuanfang
mit Klavier und viel Gesang.
Sängerin kann's gar nicht lassen,
schneidet heftige Grimassen;
singt von Liebe und vom Leben,
manchmal auch etwas daneben.

Aber dann ist endlich Schluss
mit Musik und Kunstgenuss.
Alle klatschen wie besessen,
aller Unbill ist vergessen.
Mancher schaut beglückt nach oben,
fühlt sich kulturell gehoben.

Frohgemut geht man nachhaus,
geht zu Bett und schläft sich aus.

Reinhold lachte stumm in sich hinein und beobachtete mit leuchtenden Augen die stürmisch klatschenden Gäste.

„Na ja. Ganz nett", murmelte Jakob der begeisterten Dame an seiner Seite zu.

„Fantastisch, oder? Habe ich Ihnen zu viel versprochen?" Mit zwinkerndem Auge lächelte sie ihm verheißungsvoll zu. „Gleich kommt noch eins", jauchzte sie. Und erneut hub der Künstler an:

Moderne Geister

Fühlt der Mensch sich schwach und krank,
kann das nicht natürlich sein;
und so fallen, Gott sei Dank,
ihm gleich hundert Gründe ein.

Früher waren es Dämonen,
die verflixten und vertrackten,
die in seinem Körper wohnten
und ihn zwickten und ihn zwackten.

Heute ist er aufgeklärt,
glaubt nicht mehr an böse Geister.
Doch, wenn er auch Auto fährt,
hat er dennoch Hexenmeister.

Die er alle gut bezahlt,
dass, mit feinen Messmethoden,
sie ihm zeigen, wo was strahlt
und was alles ist verboten.

Ständig wird er vollgequasselt,
trinkt er Wasser oder Wein.
Jeder Spaß wird ihm vermasselt,
denn er könnte schädlich sein.

Lieber Mensch, sei nicht so bänglich,
leb' dein Leben mit Genuss.
Alles Irdische ist vergänglich,
irgendwann ist immer Schluss.

Diesmal fiel der Stoß, den seine Nachbarin ihm verpasste, schon etwas derber aus. Sie klatschte aufgeregt. „Herrlich, immer wieder ein Vergnügen", rief sie in die Runde. Die anderen Gäste schienen ihre Meinung zu teilen. Freude erstrahlte auf ihren Gesichtern, als sie lauthals mit Lachen und Rufen ihren Genuss bekundeten.

„Das Buffet ist eröffnet." Reinhold musste dies kein zweites Mal sagen, schon stürmten die Menschen, um sich an der rasch wachsenden Schlange anzustellen. Jakob hatte keinen Appetit. Er war viel zu sehr damit beschäftigt, dem belanglosen Smalltalk, der ihm aufgenötigt wurde, zu widerstehen. Seine ganze Konzentration sollte der Informationssammlung dienen. Zu diesem Zweck streute Jakob die Frage in die Runde, seit wann Reinhold mit ihnen bekannt sei. Doch sein Gegenüber, ein dickbäuchiger Bartträger um die Sechzig, mit Schweißperlen auf der Stirn, widmete seine ganze Aufmerksamkeit einem ziemlich überfüllten Teller vor seiner Nase. Gabel um Gabel schaufelte sich ein, was das Buffet an Köstlichkeiten ihm geboten hatte.

Der Dicke ließ sich nur ungern ablenken und murrte etwas Unverständliches in seinen Bart. Die Frau an seiner rechten Seite war da schon gesprächiger. Es sei immer wieder ein gelungenes Erlebnis, was Reinhold und Hannelore da auf die Beine stellten. Viele Konzerte hatte die Dame schon miterlebt und zahlreiche Ausstellungen. Sie mochte beide, ein ganz prächtiges Paar war das. Manipuliert und völlig unkritisch, so urteilte Jakob innerlich die Gespräche ab. Alles bloß willige Geistessklaven, geblendet von der eigenen Begeisterung und nicht bereit für ein richtiges Gespräch in all dem Trubel, der nun nach dem Essen von einem weiteren Gedicht gekrönt werden sollte. Reinhold stand schon auf der Bühne:

Tanten

*Am meisten von uns Anverwandten
sind beliebt die Paten-Tanten,
weil an Neffen oder Nichten
gute Werke sie verrichten.*

*Doch gibt es auch noch and're Tanten
außer den zuvor genannten:*

*Sex-Tanten sind zum Beispiel nicht,
was sich so mancher Mann verspricht.
Statt sexuell ihn zu verführen,
kann man mit ihnen navigieren.*

Ok-Tanten, weiß ein jedes Kind,
die zeigen wo wir g'rade sind.
Dilet-Tanten würd' ich nennen
Leute, die nichts richtig können.

Adju-Tanten allemal
dienen einem General.

Protes-Tanten, will mir scheinen,
pflegen gern sich zu vereinen.
Um dann so in größeren Herden
Ihren Unmut loszuwerden.

Mu-Tanten, füg' ich noch hinzu,
sind nicht verwandt mit Ochs und Kuh.
Sie sind geworden, was sie wurden,
durch ganz normale Missgeburten.

Debü-Tanten ist zu eigen,
sich zum ersten Mal zu zeigen.

Hospi-Tanten sind beliebt,
weil es kostenlos sie gibt.

Dispu-Tanten sind doch eher
Redegeile Wortverdreher.

Man sieht, der Tanten gibt es viele,
in diesem Tantenwörterspiele,
doch die hat Fritzchen nicht im Sinn,
ihn zieht's zu Tante Emma hin.
Die immer Bonbons für ihn hat
Und manchmal einen guten Rat.

Jetzt reicht's aber, dachte Jakob. Möglichst schnell musste er hier raus, an die frische Luft. In dieser Fangemeinde konnte er nichts weiter ausrichten. Verlorene Zeit und Ärger über jede Menge verpasste Gelegenheiten, weil Gespräche stets dann unterbrochen wurden, als diese gerade für seine Recherchen interessant hätten werden können. Diese Veranstaltung, die als gesellschaftliches Ereignis galt, hatte Jakob keinen Schritt weiter gebracht.

XII.

Mit Argusaugen wachten sie leidenschaftlich über das Wohl des Gartens, jeden Tag, jahrein, jahraus. Ihre befristeten Ein-Euro-Jobverträge als Wächter im Botanischen Garten waren längst ausgelaufen. Doch die zwei alten russischen Emigranten hatten diese Aufgabe zu ihrer Herzensangelegenheit gemacht. Da passierte es eines Tages, dass sie ungläubig schauten, als plötzlich ein Auto auf der für Fremdfahrzeuge aller Art gesperrten Mittelachse entlangfuhr. Der Wagen stoppte am kleinen Teich des Duftgartens. Es entstieg, ganz unbeeindruckt von allen Verbotsschildern, ein gedrungener alter Mann, der ein in Decken gehülltes längliches Objekt von der Ladefläche des Autos hob. Diesem entnahm er die *Elisabeth*, stellte sie auf ihren zukünftigen Platz, ging vor und zurück, betrachtete sie von allen Seiten. Machte noch kurz ein Foto, um dann die Plastik wieder einzupacken und ins Auto zu laden. Die beiden Wächter eilten gerade noch rechtzeitig hinzu, um dem Künstler mit erhobenen Händen zu signalisieren, dass so etwas gar nicht ginge in ihrem Garten. Hier dürfe nur einfahren, wer eine nach strengen Kriterien vergebene Genehmigung besäße. Aber doch nicht einfach ein unangemeldeter PKW, säße auch der Kaiser von China darin. Der unmittelbar danach von oberster Stelle gerügte Künstler konnte dem Aufruhr, den er entfacht hatte, nur mit Humor begegnen. Kaum zu glauben, so viel Aufregung um nichts! „Ich wollte doch nur sehen, wie die *Elisabeth* stehen muss", konterte er.

XIII.

Es sollte ein sehr interessanter, aber auch lustiger Abend werden, das hatte Moritz seiner Frau gesagt, als diese ihr farbenfrohes, dem warmen Frühlingsabend angepasstes, Kleid überstreifte. „Ja, ich freue mich richtig auf die Gespräche mit Reinhold und natürlich auch auf das Essen von Hannelore. Man erfährt immer wieder so viel mehr über sein Werk, sein Leben und die Kunst. Seine Ansichten befinden sich in schräg-wohlwollender Schieflage zur Wirklichkeit. Oder so ähnlich." Moritz fügte hinzu: „Ich habe selten so einen glücklichen und zufriedenen Menschen erlebt."

„Ja, das steckt einen schon an, oder?" Isabell schaltete sich jetzt ein und setzte nach: „Ich liebe seine Arbeiten, die *Frau im Sessel* und den *Vogelflug*, die wir haben. Vielleicht entdecken wir ja noch etwas …"

„Na, na, na, dann kann das ja ein teurer Abend werden, meine Liebe", konterte Moritz. „Ich würde mich gern einmal an die etwas aufgerissenen Varianten wagen. Die finde ich auch sehr reizvoll. Mal sehen, was der Abend bringt."

Kurze Zeit später, die Suppe und Hauptgang waren gerade abgeräumt, kam Reinhold, nachdem er Hannelore für ihr vorzügliches Essen gelobt hatte, auf seinen berühmten Spargelwitz zu sprechen. Moritz und Isabell kannten ihn schon. Er schien zu den Lieblingsstücken in seinem Repertoire zu zählen. Aber sie ließen ihn gern fortfahren in Erwartung, welch herzlichen und hemmungslosen Lachanfall der Schlusssatz in ihrem Gastgeber auslösen würde. Er lautete: „Ja, liebe gnädige Frau, das ist nämlich das Beste." Dies war die Antwort auf die Frage, warum beim Spargelessen, zu dem ein Pfarrer bei einer Familie eingeladen war, dieser sich alle Köpfe abschnitt und auf den Teller lud.

Es war einfach wohltuend, wie der vor Lachen geschüttelte kleine alte Mann seinen Witz jedes Mal von Neuem genießen konnte. Allein das machte Lust, in das Lachen einzustimmen.

Nach dem Essen setzte die Runde sich zum Kaffee ins Wohnzimmer. Dort auf der Fensterbank standen neuerdings zwei „Marinas" eine glatte und eine mit aufgebrochener Oberflächenstruktur. Eine gute Gelegenheit für Moritz, sich die Absicht, die den Künstler umhertrieb, wenn er diese Oberflächen aufbrach, einmal erklären zu lassen. Aber der Prozess verlief andersherum, sollte er erfahren. „Diese Plastik gefällt mir sehr", sagte Mortiz und deutete auf die Marina.

„Ja, die *Marina*. Das war unser Topmodell, eine Tänzerin. Das hier sind sehr schöne Fassungen. Dieses Körperliche, was die *Marina* hat, und die Lockerheit im Stehen und im Bewegen. Das war wirklich ein einmaliges Modell", schwärmte der Künstler. Dabei nahm er die Hand mit Zeigefinger und Daumen, die sich kreisförmig berührten, und führte diese zum Mund, um die Anerkennung mit einem Kuss darauf zu krönen.

„Interessant, wie du die beiden verschiedenen Versionen zusammen gestellt hast", sagte Moritz.

„Die kann man einzeln sehen, aber besonders gut zusammen. Das sind interessante Kontraste. Bei dem Gestaltungsprozess entstehen meist zwei Versionen. Anfangs lege ich auf einem Metallgerüst heute meist mit Polyesterharz, das mit Talkum angereichert ist, die Plastik an. Oder ich nehme Gips dafür. Wichtig ist nur, dass das Material neutral ist und keine eigene Schönheit besitzt. Auf jeden Fall sieht nach drei bis vier Tagen die angelegte Plastik dann so aus, wie diese mit ihrer lockeren, stark strukturierten Oberfläche. Ganz abenteuerlich, mit tiefen Einbrüchen. Das finde ich faszinierend. Von dieser ersten Version mache ich dann einen Abguss. Fünf bis sechs Wochen später ist dann die Plastik mit all ihren sinnlichen Qualitäten und ihren durchgestalteten Flächenspannungen in dieser zweiten Version fertig. Die Aufgebrochene hat von der Struktur her einen gewissen Reiz, den ich sehr gern mag. Und bei der anderen geht es eben, wie bei allen meinen Durchgestylten, um die sinnliche Qualität einzelner Körperteile. Also um den angespannten Arm, das angespannte Bein, das entspannte Bein, die weiche Brust oder den gespannten Bauch." Dabei fuhr Reinhold mit der Hand zärtlich die Konturen des bronzenen Körpers ab und ergänzte: „Das muss dann bis zum letzten Millimeter durchgestaltet sein. Während bei den Strukturplastiken der Zufall seine Hand im Spiel hat. Das ist eben das Interessante dabei."

„Du gestaltest also gar nicht eigens diese Art der Oberfläche", fragte Isabell erstaunt.

„Nein, wie gesagt, der Prozess läuft andersherum. Zum Beispiel arbeite ich jetzt an einer Plastik von dieser Popsängerin, die ich auf einem Zeitungfoto in einer interessanten Stellung gesehen habe. Das Spannende an dieser Plastik begann hier sogar ganz früh. Oft gebe ich mir sehr viel Mühe allein schon mit dem Gerüst. Das Gerüst ist aus gebogenem Draht. Dieses hierfür hat mir schon viel Spaß gemacht, weil es bereits wie eine fertige Plastik aussah. Also eine Version, eine von dreien, wenn man so will. Fantastisch! Dann habe ich dieses Gerüst mit Gips angelegt. Da werden einfach Batzen von Gips entlang der Form drangehängt. Es ist dabei noch nichts gestaltet. Das Ganze ist eine lockere Anhäufung von Gipsmasse. Die ist zwar zum Teil schon gezielt, aber zum großen Teil zufällig. Diese Zufälligkeit übt einen besonderen Reiz auf mich aus. Hier war es dann die zweite Version, die ich abgegossen habe. Und so entstehen diese Plastiken mit aufgebrochenen Strukturen im Prozess des Ausformens. Also, wenn ich eine Plastik fertig gestalte, gibt es Zwischenversionen mit einigen, manchmal sogar recht starken Einbrüchen. Das ist dann ein Kontrast zu der sonst füllig durchgearbeiteten Oberfläche. Die besonderen Stadien halte ich fest, indem ich einen Abguss mache. Einer dieser Abgüsse ist die der aufgebrochenen *Marina*", erklärte der Künstler. Dann lehnte er sich zurück und hob die Hand, um zu betonen: „Was mich an diesen Strukturplastiken so interessiert, ist der romantische Aspekt. Das Morbide, das Zerbrochene, das Unvollkommene, das, was uns bewegt, wenn wir uns die Akropolis anschauen. Wenn wir heute die Akropolis in perfektem Zustand, als sie noch bunt bemalt war, sehen könnten, würde sie uns gar nicht mehr gefallen."

Anschließend drehte sich die Diskussion um die Interpretation einer Plastik, und dieser Diskussion stellte sich Reinhold immer wieder gern. „Was der Künstler sich dabei denkt, ist doch wichtig für uns Sammler", sagte Isabell.

„Nein. Eine Plastik ist eine Plastik und sonst gar nichts. Sieh dir mal diese Cellospielerinnen an." Er demonstrierte seine folgenden Erläuterungen an den beiden bronzenen Musikerinnen auf der Fensterbank. „Davon gibt es zwei Fassungen.

Die eine ist so, wie Cellospielerinnen normalerweise aussehen. So wie man eben sitzt, mit dem Cello zwischen den Beinen und spielt. Daneben steht eine starke Übersetzung. Das ist fast eine abstrakte Plastik. Du siehst, sie hat das Cello zwischen den Knien stehen, sodass sich ganz starke Zwischenräume bilden. Und Zwischenräume sind genauso wichtig wie fest definierte Räume. Das Ganze ist dann eine Komposition. Das also ist sehr stark verändert zugunsten einer schönen, fast turmartigen Konstruktion und Abstraktion. Während die erste Figur eben wie eine normale Cellospielerin gestaltet ist. Das ist wie beim Eiskunstlaufen: Pflicht einerseits und Kür andererseits." Reinhold lacht. „Beides sind aber eigenständige Plastiken, die sich von selbst so entwickelt haben, ohne dass es für mich eine Geschichte dahinter gibt."

„Apropos abstrakte Arbeiten: Wie passen die denn in dein Schaffen?" Wieder war es Isabell, die nachhakte.

„Ja, seit Kandinsky kann auch die bildende Kunst Zustände und Stimmungen erfassen. Das war früher der Musik vorbehalten. Die abstrakten Plastiken entstehen oft zufällig. Ich entdecke etwas auf dem Schrottplatz, was ich später zusammenschweiße, oder hier habe ich aus Polyesterharz reine Strukturplatten gegossen, die ich dann zerschnitten und neu zusammengesetzt habe. Zeitweise habe ich auch Vierkantrohre gegossen und daraus Großplastiken komponiert. Von Zeit zu Zeit habe ich eben eine solche Phase."

Später im Auto schwiegen Isabell und Moritz. Beeindruckt von dem, was sie an diesem Abend erfahren konnten, aber auch bewegt von dem Lebensglück, das der Künstler ausstrahlte. Ein Reichtum an Zufriedenheit und Lebensfülle, die in seinen Werken ihren Ausdruck fanden und auch weit über sie hinaus strahlten.

XIV.

„Die von mir gestalteten Objekte bedürfen keiner Erklärung. Sie haben keinen literarischen oder philosophischen Hintergrund. Sie sind genau das, was man sieht.

Allenfalls wäre es vielleicht interessant, etwas über die Entstehung der Plastiken und über meine Ziele zu erfahren. Mein Hauptmotiv, das kann man unschwer erkennen, ist der menschliche und hier speziell der weibliche Körper. Es war schon seit jeher das interessanteste Objekt in der bildenden Kunst. Er ist unergründlich und unerschöpflich. Im Gegensatz zur Rationalität des Mannes ist er mystisch und musisch zugleich – auf jeden Fall rätselhaft. Es ist mein Bestreben, ihn zu definieren. Meine Plastiken sind sehr durchgearbeitet, sodass auch die sinnliche Qualität der einzelnen Körperteile klar ersichtlich wird. Das schließt nicht aus, dass Proportionen mitunter stark verändert werden, um gewisse Situationen zu verdeutlichen. So z. B. bei der *Frau im Sessel*. Nun wird es dem Betrachter auffallen, dass einige Plastiken starke Strukturen und Einbrüche aufweisen. Bei der Vorgehensweise, in der ich meine Plastiken gestalte und auf die ich noch zu sprechen komme, gibt es für jedes Objekt eine Phase, in der solche Strukturen entstehen. Ein Zustand, der mich oft faszinierte – sodass ich davon einen Abguss machte. Ich fand heraus, dass es die romantische Komponente ist, die mir an diesem Zustand gefiel. Es ist der Reiz des Morbiden oder der der Ruine, der auch durch die Patina betont wird.

Ich arbeite meine Plastiken meistens in einem nüchternen Metall, in Gips oder schon seit vielen Jahren in Polyester, das ich mit Talkum andicke, mit Weiß einfärbe und dann an ein Metallgerüst hänge. Nach dem Aushärten kann man es raspeln und zurechtschleifen. Dann erfolgt ein neuer Auftrag, bis mitunter nach Wochen die endgültige Fassung entstanden ist.

Im Gegensatz zu meinen Plastiken sind die Bilder und Zeichnungen spontan entstanden. Es sind Entspannungsübungen und gleichzeitig jeweils Vorstudien zur Plastik. Die Landschaftsaquarelle entstehen während meines jährlichen Aufenthaltes am Atlantik. Der Strand und das Meer faszinieren mich fast genauso wie der menschliche Körper."

Wie immer folgten die Zuschauer gebannt den Worten des Künstlers. Reinhold erklärte sich recht selten vor so großem Publikum. Doch diese Ausstellungseröffnung hatte er zum Anlass genommen, etwas detaillierter über seine Arbeit zu sprechen.

XV.

Jeden Tag seit dem Frühlingsabend vor einigen Wochen, mindestens auf dem Hin- und Rückweg, besuchte Jakob seine Anna. Sie führten Gespräche über dieses und jenes. Er sprach mit ihr über seine Forschungsprojekte oder teilte ihr seine Stimmungen mit, was für diesen ansonsten verschlossenen Menschen, wie ihn sein Umfeld beschrieben hätte, außergewöhnlich war. Auch die immer extravagantere Kleiderwahl, für die er sich neuerdings entschied, diskutierte er mit ihr. Passte der Schal wirklich zu seiner Jacke, oder musste eine neue her. Der Inhalt seines Kleiderschrankes vermehrt sich beachtlich, und die Farbenfülle erinnerte an den Botanischen Garten. Die Blütenpracht der Kirschbäume entlang des Mittelwegs hatte in ihm die Leidenschaft für Farben geweckt. Neulich hatte er sogar im Schaufenster eines Herrenausstatters ein wirklich buntes Halstuch entdeckt. Dieses sodann unter dem süffisanten Lächeln des Verkäufers mit Blick auf seine übrige Kleidung erworben und stand nun dermaßen ausstaffiert vor Anna. Das heikle Thema ihrer Trennung umgingen sie geschickt. Jakob erzählte von seiner Arbeit und seinem Leben für die Arbeit. Seine Familie streifte er wegen seiner vermeintlichen Untreue nur am Rande. Seine Lieben hatten hier nichts zu suchen. Es war ihm fast unangenehm, und es fühlte sich an, als wäre Anna sehr traurig darüber. Aber das war ihm nie wichtig, schwor er ihr. In seinem Herzen war immer nur Platz für sie gewesen, und so sollte es auch bleiben.

Von seinen Recherchen und den Besuchen bei Reinhold erzählte er Anna nichts. Er wollte sie nicht mit seinem Misstrauen beunruhigen. Doch im Mai wurde es immer unerträglicher. Nun strömte ihm der Duft der sich zu voller Pracht entfaltenden Rosen schon von weitem entgegen. Dann dieses aufeinander abgestimmte Farbenspiel, vom tiefen unergründlichen Rot über beglückendes Gelb bis hin zu einem Weiß, das zarter und zugleich kraftvoller nicht sein konnte. Gab es das alles schon, bevor Jakob es sehen konnte? Solche und ähnliche Fragen wühlten in ihm, seitdem ihm Reinhold die Wahrnehmung, die Wirklichkeit und deren Abbild erklärte. Trotzdem kam es ihm vor, als sei all die Pracht um ihn herum erst jetzt entstanden in dem Moment, als er seine Anna wiederfand. Selbst der Taschentuchbaum mit seinen ungewöhnlichen Blüten, die sich im freien Fall wie Schmetterlinge bewegten und so vor seinen Füßen zum Liegen kamen, dass er vor Verzückung stehen blieb und das Schauspiel genoss, schien vormals noch nicht dagewesen zu sein. Aber auch der Nordamerikanische Tulpenbaum, ein Magnoliengewächs mit seinen gelb-grünen Blüten hatte es ihm angetan. Dermaßen bewegt von seinen Eindrücken gelangte er oftmals mit kleineren und größeren Unterbrechungen zu seiner Anna. Ihr berichtete er dann begeistert von seinen Erlebnissen auf dem Mittelweg durch den Botanischen Garten. Unlängst hätte man ihn noch durch den Garten wie einen Blinden laufen sehen können, ganz vertieft in seine Arbeit, den Blick überallhin nur nicht auf das Naheliegende, was es zu entdecken galt. Das hatte sich völlig verändert, geradezu umgekehrt. Durch seine ausgiebigen Besuche im Botanischen Garten und bei Reinhold lernte er immer mehr zu sehen, zu hören, zu schmecken und zu fühlen. Alle Sinne wurden ihm geöffnet, sensibilisiert für das, was das Leben einem Menschen bieten konnte.

Mehr und mehr konnte er Anna erzählen, weil er immer mehr wahrnahm. Selbst Sabine sagte neuerdings, dass er sich zum Sensibelchen entwickle. Man könne ja gar nichts mehr sagen, und schon wäre er den Tränen nahe oder wäre absolut verärgert. Alles ging ihn plötzlich an: die Rosen, die mächtigen Bäume, die Menschen, die ihm begegneten, dieser Künstler, sein merkwürdiges Interesse an Kunst überhaupt, seine Studenten, ja auch Sabine und ihre gemeinsame Tochter Inge, schien er intensiver wahrzunehmen als früher. Das bedeutete jedoch nicht, dass er ihnen auch wirklich näherkam. Vielmehr entfernte er sich von seinem Leben, wie es vorher war. Vor seinen Begegnungen mit Anna, vor dem Einbruch seiner Vergangenheit in seine Gegenwart.

So romantisch die Treffen mit Anna auch verliefen, stand er manchmal zu Tränen gerührt vor ihr und schüttete sein Herz mit all seiner Sehnsucht aus. Ebenso fatal konnte auch die andere Seite in ihm Überhand gewinnen, die des Misstrauens, der Vorwürfe, der Selbstzerfleischung und der bitterbösen Eifersucht auf den Künstler und all die anderen Menschen, deren Blicke Anna tagtäglich ausgesetzt war. Manchmal setzte er sich auf die Bank neben *Susanne*, einer Plastik von Anne Kuprat, und beobachtete andere Besucher des Parks, wie sie seine Anna betrachteten oder achtlos an ihr vorübergingen, ganz eingenommen von der übrigen Pracht, die der Garten zu bieten hatte. Manchmal wollte er aufspringen und demjenigen, der zu lange sich mit seiner Anna beschäftigte, an die Gurgel springen, auf ihn eindreschen, bis alles Leben aus diesem Voyeur gewichen wäre. Ein solcher könnte alles sehen und in sich aufnehmen, die schönen Schwingungen ihres Körpers, ihren ausgewogenen Stand, die zarte Rundung ihrer Brüste, die kleine Wölbung des Bauches unter dem Nabel. Dies brachte Jakob sodann in Wallung, wenn er das Hinabgleiten des Blickes bei einem Betrachter bemerkte. Blindwütige Eifersucht und schiere Verzweiflung bemächtigten sich dann seiner. Bis zur Besinnungslosigkeit schmerzte diese Leidenschaft in ihm, zerfrass ihn von innen her. Wie sollte das bloß enden?

Doch ein Erlebnis riss ihm buchstäblich den Boden unter den Füßen weg, bis nur noch eine klaffende Wunde sich seiner bemächtigte. Neulich war ein Mann mittleren Alters vor seiner Anna stehen geblieben und verweilte dort mit lüsternen, ihren Körper beleckenden Blicken, sodass Jakob zu ihm gehen wollte. Just in diesem Moment wandte dieser Voyeur sich allerdings ab und eilte schnellen Schrittes durch den Garten Richtung Bretzenheim. In der Draiser Straße steuerte er direkt auf ein Einfamilienhaus zu, das hell erleuchtet in der Abenddämmerung lag. Der fremde Mann schloss die Haustür auf und Jakob konnte sehen, wie er in die Küche ging und dort seiner Frau, die am Herd stand, einen liebevollen Kuss und einen Klaps auf den Po gab. Ein augenscheinlich glücklich verheirateter Ehemann nahm es sich heraus, sich dermaßen anzüglich seiner Anna zu nähern. Jakob wollte es nicht glauben. Seine Anna würde durch dieses schändliche Verhalten zur Nebensache, zum Objekt degradiert. Von einem, der nicht zu würdigen verstand, wen er da vor sich hatte und einfach gedankenlos genoss, was ihm zu genießen nicht zustand. Ein Frevler, ein Schänder, der einem Vergewaltiger in Nichts nachstand! Solchen Feuerstürmen seiner Gefühle war er andauernd ausgesetzt. Sie brannten ihn bis auf die kläglichen Grundmauern seiner Existenz nieder.

Bis die erlösende Idee vom Himmel fiel, aus Schwindel erregender Höhe der beeindruckenden Douglasie oder der dahinter vorbeiziehenden Wolken oder des im tiefen Dunkel sich erstreckenden Universums. Jakob musste Anna vor den Blicken der anderen retten. Er musste Anna entführen. Nur so würde er sie ganz bei sich haben, ganz nah und für immer unzertrennlich.

So kam es, dass sich Jakob eines Nachts mit dem entsprechenden Werkzeug bewaffnet aufmachte, ein Loch in den Drahtzaun schnitt, die Figur aus ihrem Fundament befreite, auf einen Schubkarren lud und mit sich nach Hause nahm. Dort im Gartenhäuschen, hinter den Kisten, richtete er ihr liebevoll ein Bett her, auf das er sie behutsam legte und in Decken einkuschelte. Mit dieser Nacht wäre es künftig nur noch ihm möglich, sie zu enthüllen. Zumindest dachte er das.

Der Raub aus dem Botanischen Garten erregte am nächsten Tag großes Aufsehen. Die zwei russischen Emigranten, die noch immer als Gartenaufsicht arbeiteten und die Belange des Geländes zu ihren eigenen gemacht hatten, bewaffneten sich sofort mit gefährlichem Gartengerät, um den Dieb auf der Stelle für seine frevelhafte Tat zu bestrafen. Die Presse kam und berichtete. Alles war in größter Aufregung, und jede Spekulation ob des Verbrechens und des Tatherganges kam dem lechzenden Publikum sehr gelegen.

Nur der Künstler sollte seine helle Freude an den Umständen haben. Hatte doch die sensationslüsterne Berichterstattung in den Medien dafür gesorgt, dass sein Telefon am nächsten Tag nicht mehr stillstand, und er weitere vier Plastiken seiner *Elisabeth* in derselben Größe schon in wenigen Stunden verkaufen konnte. Jede seiner Plastiken hatte ein Limit von zehn Güssen, so zitierte ihn auch die Tageszeitung. Woraufhin gleich ein Ansturm auf die restlichen noch zur Verfügung stehenden vier ausgelöst wurde. Mit der noch möglichen Fünften ersetzte der Künstler dem Botanischen Garten den Raub. Denn der pittoreske Platz am Ende des kleinen Teiches mit den Wildrosen und dem Duftgarten entzückte auch den Bildhauer stets aufs Neue.

Statt der erwarteten Erlösung sollte es wirklich schlimm werden für Jakob. Zehn Annas würde es geben! Diese Erkenntnis traf ihn wie ein Blitz, der sein Innerstes in Brand steckte. Das Feuer drohte alles zu vernichten, was vormals seine Existenz ausmachte.

XVI.

Eine ganz gemeine Sache war das, in die er da hineingestoßen worden war. Vorsichtig, um ja keine Aufmerksamkeit zu erregen, öffnete er die Haustür, schlüpfte hinein und schloss sie ganz leise wieder. Er verzichtete drauf, sich die Schuhe auszuziehen, damit er sofort wieder in den Garten zum Geräteschuppen gehen könnte, um seinen Schatz zu betrachten und zu liebkosen. Sabine war nirgends im Haus auszumachen, vielleicht sogar unterwegs. Jakob freute sich schon. Doch als er das Wohnzimmer betrat, traf ihn fast der Schlag. Da saß Sabine mit ihrer gemeinsamen Tochter Inge.

Beide richteten den Blick auf ihn, als hätten sie nur auf sein Erscheinen gewartet, und riefen freudig wie mit einer Stimme: „Da bist du ja!" Inge sprang sogar auf, um Jakob einen dicken Kuss auf die Wange zu drücken. Das hatte ihm gerade noch gefehlt. Wie sollte er sich da bloß aus der Affäre ziehen?

„Hab' dich lange nicht gesehen, Papa. Was treibst du denn so? Wie läuft es in der Uni? Mama hat erzählt, dass du viel zu tun hattest in letzter Zeit, und sie dich kaum mehr zu Gesicht bekommt."

„Ja, Liebes, ja, das stimmt wohl", stammelte der so plötzlich überfallene Jakob, verzweifelt nach einer Möglichkeit Ausschau haltend, wie er die beiden Frauen schnell loswerden könnte. Sich einfach davonschleichen, das funktionierte nicht, da er dafür den Rasen überqueren müsste, um im Gartenhäuschen verschwinden zu können. Was also tun?

„Schlimm gerade in der Uni. Echt stressig." Hilfesuchend schaute er umher und fragte mit gespieltem Interesse: „Wie geht es dir, mein kleiner Karpfen?" Geistesabwesend benutzte Jakob den Kosenamen seiner Tochter, den diese schon viele Jahre nicht mehr gehört hatte.

„Bei mir ist alles cool, aber von dir höre ich komische Sachen", antwortete Inge und schaute auf ihre Mutter.

„Na ja, ich habe Inge nur erzählt, dass es dir offensichtlich in letzter Zeit nicht gut geht", mischte sich Sabine verlegen in das Gespräch ein.

Jakob schaute seine Frau zornig an: „Was hast du denn für ein Problem? Mit mir ist alles in Ordnung. Spinnst du?" Er beschimpfte die ohnehin schon defensiv gestimmte Sabine: „Was geht dir eigentlich im Kopf herum? Willst du mich abschotten gegen den Rest der Welt, meine Tochter gegen mich einnehmen? Klar, ein solches Verhalten bekommt mir nicht. Das treibt mich geradezu aus dem Haus. Am liebsten würde ich gleich wieder gehen." Rasch wandte sich Jakob um, das wollte er sich nicht länger bieten lassen.

„Papa, jetzt bleib doch hier", rief ihm Inge nach und schaute dabei ihre Mutter an, die ratlos mit den Schultern zuckte.

Und schon hatte ihn das Haus wieder ausgespuckt. Sein ganzes Verlangen gierte sowieso nur nach den wenigen Augenblicken im Gartenschuppen. Wenn auch um ihn herum die ganze Welt zusammenbrechen würde, bei seiner Anna fand er tiefen Frieden, würde ihn immer finden. Einen tiefen Frieden, wie er ihn noch nie in seinem Leben erlebt hatte. Hier war er eins mit sich und Anna, die er sein ganzes Leben lang vermisst hatte. Ohne die er eben nur ein halber Mensch war oder noch weniger, vielleicht sogar gar kein Mensch. Alles zog er jetzt in Zweifel, alles galt es neu zu verhandeln. Nur eines war gewiss, so wie bisher wollte er nicht mehr leben.

XVII.

Sie war über die Jahre hinweg fetter und fetter geworden. Anna hasste es, wenn sie von hinten den wulstigen Nacken ihrer Mutter sah. Sie hasste ihre Mutter, und sie hasste sich dafür, dass sie ihre Mutter hasste, weil diese nur Hass für ihre Tochter empfinden konnte. Hass, der aus der Eifersucht entspringt, die mit dem Neid vereint eine gefährliche Mischung ergibt. Schleichend vergiftet der Hass alles, schleichend und sich aus dem Verborgenen nährend. Niemals war Annas Mutter der

Tochter gegenüber streitsüchtig oder offen ablehnend. Die Ablehnung war subtil und konnte hinter jedem Wort der Zuwendung und sogar hinter einem vermeintlichen Lob verborgen sein und dieses damit sogleich ad absurdum führen. „Liebes, das hast du aber fantastisch gemacht", kommentierte ihre Mutter übertreibend jede Kleinigkeit, die Anna im Haushalt tat. Kam Anna jedoch, stolz wie Oskar, mit einer guten Note aus der Schule heim, brillierte mit einem Einserschnitt im Abitur, erzählte von ihrem mit Auszeichnung bestandenen Staatsexamen, so redete sie gegen eine Wand. Die Mutter hatte Anna nie gefördert in ihrem Bestreben, sondern vielmehr alles, was in dem jungen Mädchen aufkam und wuchs, unterdrückt, indem sie es lächerlich machte: „Willst' wohl deinen Zukünftigen mit 'ner glatten Eins bekochen". Manchmal ging sie auch einfach nur schnell darüber hinweg. Das Mädchen lernte, sobald sie auf etwas stolz war, dies vor der Mutter möglichst zu verbergen. Viel bekam die Mutter sowieso nicht von ihrer Tochter mit, der sie zumeist Gram war und mit Distanz und kaltem Schweigen bestrafte. Es gab Zeiten, da antwortete die Mutter tagelang nicht auf einen einzigen Satz der Tochter, auf ihre vorsichtigen, die Stimmung der Mutter fein austaxierenden Fragen. Später blieb die Mutter stumm bei den Bitten, die in verzweifeltes Jammern umschlugen, wenn die Einsamkeit das kleine Mädchen zu verschlingen drohte.

Dank ihrer unermesslichen Kraft hatte Anna mit den Jahren gelernt, ihre Mutter zu nehmen, wie diese war und sich ihre eigene Welt aufzubauen. Wie eben die Mutter auch gelernt hatte, den Vater so zu nehmen wie er war, allerdings indem sie auf ihre eigene Welt verzichtete, die sie sich in ihren Jungmädchenträumen schön und farbenfroh zeigte. Ihre Mutter hatte wirklich das Zeug dazu gehabt, eine erfolgreiche Modedesignerin zu werden. Das Studium schloss sie wie im Fluge und mit Bravour ab. Sie wollte gerade nach Paris ziehen, um dort ein eigenes Label zu gründen, als sie Richard, Annas Vater, kennenlernte und ziemlich schnell schwanger wurde. Er hatte außer seiner großen Liebe, die sich schnell als Strohfeuer entpuppte, nur blanken Hohn für die Flausen seiner Frau übrig. Jetzt mit dem Kind gehörte sie ins Haus und an den Herd und könnte nebenbei Strampelhosen nähen, sagte er ihr, mit einem hämischen Grinsen, mitten ins Gesicht. Ihr schien es, als wäre er ihr damit direkt an die Gurgel gesprungen. Seit diesen Tagen, als Annas Mutter das Werkstück ihrer Diplomarbeit, ein wunderschönes Ballkleid, in der großen, mit Seidenpapier ausgeschlagenen Kiste auf dem Speicher verstaute, wurde sie immer stummer, verschwand hinter einer Wand, die einer errichtet hatte, der ihre Welt nicht verstand.

Heimlich hatte Anna eines Tages diese Kiste gefunden und geöffnet. Das große Geheimnis ging in großes Entzücken und große Bewunderung über. Zu solch einer wunderbaren Sache war ihre Mutter früher fähig gewesen? Fett und aufgedunsen im Arbeitskittel, wie sie heute durch Haus und Garten schlurfte, sollte so etwas Schönes einmal den Händen ihrer Mutter entsprungen sein? Anna konnte das nicht glauben. Sie blickte auf das Kleid, dachte an ihren Schmerz, an das Schweigen und an den Schmerz ihrer Mutter, den sie nur erahnen konnte. Von diesem Tag an verwünschte sich Anna jedes Mal, wenn sie ihrer Mutter mit Verachtung begegnete. Die Mutter hatte nicht allein die Schuld auf sich geladen, die eigene Tochter zu vernachlässigen, sie hatte sich selbst bis zur totalen Vernichtung missachtet. Anna konnte nicht sagen, was schlimmer gewesen war.

XVIII.

Aller Aufregung zum Trotz verkaufte der Künstler freudig seine *Elisabeth* weiter. Wirklich unglaublich war die Geschichte, dass ihm der Raub der *Elisabeth* weitere Käufer beschert hatte. Das Bild der gestohlenen *Elisabeth* in der Tageszeitung hatte im Handumdrehen weitere Menschen von dieser Plastik begeistern können. Mit seinem Enkel fuhr der Künstler bei den neuen Kunden vorbei, um die Plastik zu platzieren.

In Budenheim fand die *Elisabeth* einen Platz im großen Wohnzimmerfenster mit Blick auf den Garten. Hier hatte ein langjähriges Sammlerehepaar die gute Gelegenheit erkannt und gekauft. Auf drei Stockwerke verteilt, davon konnte sich Reinhold, von der Frau des Hauses dazu ermuntert, überzeugen, standen seine Arbeiten: klein und groß, sitzend, liegend und stehend.

„Wir genießen deine Plastiken sehr", gestand die Ehefrau dem Künstler und setzte hinzu: „Das Leben ist schwer genug. Man muss sich mit schönen Dingen umgeben."

Darauf entgegnete er lachend, dass er bei solcher Gelegenheit zu seinen Kunden sagen würde: „Schön, dass Ihnen meine Plastik immer noch gefällt. Ihr Geld hat leider nicht so lange gehalten." Dabei stiegen ihm Lachtränen in die Augen, so sehr machte ihm die stetige Wiederholung seines Witzes Freude.

Im Wohnzimmer saß eine weitere große *Hockende*. Und im Garten, den Auftrag nahm der Künstler bei dieser Gelegenheit gleich entgegen, sollte ein Fisch künftig Wasser in den gebogenen Teich spucken. Zum Abschied gab es ein Küsschen mit Umarmung, und schon ging es weiter zum nächsten Kunden.

Diesen hatte Reinhold erst kürzlich kennengelernt: Rainer Schulze war sogar der erste Kunde gewesen, der telefonisch auf die Veröffentlichung in der Presse reagiert hatte. „Ein sehr integrer Mann", erzählte Reinhold von dem Abend, an dem Rainer Schulze sich die *Elisabeth* in dessen Atelier angeschaut hatte. Wie üblich war der Kauf mit einem Glas Wein im Wohnzimmer besiegelt worden.

Reinhold hatte es sehr gefallen, wie der Neukunde um die Plastik herumging. „Eine Plastik muss von allen Seiten gut aussehen", betonte der Künstler. Als der Besuch dann mit der rechten Hand über die Kurven der Bronzeplastik strich, kommentierte das Reinhold sogleich: „Die sinnlichen Qualitäten entstehen größtenteils aus den Oberflächenspannungen. Denn eine Plastik besteht aus einer Oberfläche. Die Spannung einer Oberfläche ist für das, was man stofflich ausdrücken möchte, ausschlaggebend. Also ob etwas hart oder weich werden soll. Zum Beispiel hat eine Hand eine andere Oberflächenspannung als ein Unterschenkelmuskel oder Wadenbein. Dies zeigt sich eben in der Spannung dieser Fläche."

Der Künstler freute sich über den interessierten Zuhörer und wurde immer gesprächiger: „Wie es früher mein Lehrer erklärte, hat eine Kugel zwar eine Krümmung, ist jedoch keine Komposition. Während eine Plastik eine Kombination aus verschiedenen Spannungszuständen darstellt, angefangen von einer negativen und positiven Spannung. Wo zwei positive Spannungen zusammenstoßen ergibt sich meist eine negative Spannung. Das zusammengenommen ergibt eine Komposition aus Spannungen, woraus wiederum das Interessante einer Plastik resultiert. Somit ist eine Plastik nicht nur die Darstellung eines gewissen Objektes, sondern sie muss auch in eine Ordnung gebracht werden."

„Es ist wirklich aufregend, dass ich so viel von Ihnen erfahren darf. Ich bin nur Genießer und habe nun Einblick gewinnen dürfen, woraus mein Genuss resultiert. Dafür danke ich Ihnen und natürlich auch für den guten Wein. Allerdings muss ich sagen, dass mich mit der *Elisabeth* gleich bei dem Foto in der Zeitung etwas mehr verbunden hat. Irgendetwas in ihrem Ausdruck erinnerte mich an meine verstorbene Tochter. Und für mich ist es sehr schön, dass ich sie nun in dieser Plastik entdeckt habe." Rainer Schulze strahlte an diesem Abend.

Das alles ging dem Künstler durch den Kopf, als er im Auto auf dem Weg zu ihm saß, und er erinnerte sich gern an das Gespräch. Der neue Kunde hatte an dem Abend noch eine *Frau im Wind* erworben, und beide waren beglückt über die Begegnung auseinandergegangen.

„Jeder hat so seine Molesten", pflegte Reinhold zu sagen. Seine Generation hatte den Krieg erleben müssen. Und trotzdem würde er jeder Zeit von sich behaupten, er habe immer Glück gehabt im Leben.

XIX.

„Reinhold", rief er ihm schon beim Öffnen der Haustür entgegen, „wie kannst du nur so viele Abformungen der *Elisabeth* herstellen. Das ist ja dann gar kein Kunstwerk mehr, wenn du damit die ganze Stadt überstreust?"

„Komm' erst mal rein, Jakob, und rege dich ab", der Künstler begegnete ihm mit einem Lächeln auf den Lippen und führte ihn ins Wohnzimmer, wo auch seine Ehefrau Hannelore den aufgeregten Besuch freundlich begrüßte.

„Dürfen wir dir etwas zu trinken anbieten?" Sie fragte und begab sich schon auf den Weg in die Küche.

„Nein, nein lass´ nur." Abwehrend hielt Jakob seine Hände hoch. Verzweiflung hatte sich seiner bemächtigt.

„Das geht gar nicht. Das kannst du nicht machen. Ich fordere dich auf, alle weiteren deiner *Elisabeth*-Plastiken wieder einzuziehen. Unbedingt und unverzüglich."

„Herrgott noch mal, was ist denn in dich gefahren? Du bist ja völlig aus dem Häuschen." Reinhold wusste noch nicht, wie er seinem neuen Schüler aus dem Aktzeichenkurs begegnen sollte. Er kannte Jakob noch nicht so gut wie die anderen Teilnehmer, mit denen er seit vielen Jahren befreundet war. Reinhold tat sich noch schwer damit, Jakob richtig einzuschätzen. Wie dieser sich jetzt gerade aufführte?! Wie ein Irrer. „Jetzt setz´ dich erst einmal. Nichts wird so heiß gegessen, wie es gekocht wird!" Dieser Spruch hatte schon so manchen Konflikt entschärft.

„Ich will mich nicht setzen, und ich brauche auch keine klugen Sprüche. Das einzige, was jetzt zählt, ist, dass du die neuen *Elisabeth*-Plastiken sofort zurückholst oder besser gar nicht erst auslieferst, wenn noch nicht geschehen." Jakob war atemlos vor Aufregung.

„Jetzt übertreibst du aber wirklich!" Reinhold schaute den aufgebrachten Jakob hilflos an und überlegte, wie er ihm den Wind aus den Segeln nehmen könnte. „Kennst du übrigens den Witz vom Hypochonder?" Und ohne Pause fuhr er fort: „Kommt eine Schwester zum Arzt und sagt: Der Hypochonder auf Zimmer 37 ist gestorben. Woraufhin der Arzt antwortet: Jetzt übertreibt er aber wirklich." Reinhold lachte hemmungslos, sodass sein ganzer Körper zitterte.

Jakob war nicht zu Späßen aufgelegt. Verzweifelt rief er: „Jetzt hör' mir doch mal richtig zu! Ich möchte, dass du sofort aufhörst, weitere Kopien der *Elisabeth* herzustellen und in die Welt zu schicken."

„Ich habe das schon kapiert, Jakob. Aber das geht nicht. Ich produziere immer in Auflagen bis zu zehn Stück. Und bei der Nachfrage wäre ich schön blöd, wenn ich vorher aufhören würde." Reinhold war ganz ruhig. Dieser Banause ging ihm wirklich auf die Nerven.

„Du musst aber", flehte Jakob. Wie konnte er Reinhold nur seine Notlage erklären? Er würde ihn ja für verrückt halten. Und dann der Raub, das war gar nicht vermittelbar. Selbst dem gutmütigen Künstler würde da der Kragen platzen. Möglicherweise würde er Jakob anzeigen. Dann käme Jakob wohlmöglich ins Gefängnis und seine Anna schutzlos an ihren angestammten Platz. Das ging also nicht. Das durfte auf keinen Fall passieren. Jakob wuchs die Situation über den Kopf. Auf diesem Weg kam er nicht weiter. So würde er nie erfahren, wie der Künstler zu seiner Anna gestanden haben mochte. Er musste sich beruhigen und dann neu nachdenken.

„Also gut", lenkte Jakob nach einer kurzen Pause ein, „ich muss jetzt sowieso gehen. Hätte vielleicht gar nicht kommen dürfen. Wir sehen uns dann nächste Woche zum Aktzeichen." Als wäre nichts gewesen, reichte Jakob dem über den plötzlichen Stimmungswandel verblüfften Bildhauer die Hand und verabschiedete sich, ohne sich noch einmal umzudrehen.

In der folgenden Woche erschien ein ganz gelassener Jakob an seinem Platz im Aktzeichenkurs. „Na, hast du dich wieder beruhigt?" Reinhold schaute ihm skeptisch fragend in die Augen.

„Alles wieder gut", antwortete Jakob, „Entschuldige bitte meinen Auftritt neulich. Ich hatte nicht gut geschlafen und habe wirklich übertrieben. Deine *Elisabeth* sieht meiner großen Liebe einfach zum Verwechseln ähnlich. Nichts für ungut!"

Die anderen Menschen der Gruppe trudelten langsam ein, das Modell begab sich auf seinen Platz und alles ging seinen gewohnten Gang.

Reinhold war ganz in seinem Element. Lobte und korrigierte, was ihm da geboten wurde. Jakob ließ er an diesem Abend etwas in Ruhe. Er wusste noch nicht so ganz, was er von dessen Auftritt zu halten hatte und wollte etwas vorsichtiger mit seinem undurchschaubaren Schüler umgehen. Jakob hingegen warf sich in die Arbeit, die hier von ihm gefordert wurde. Er musste weiterkommen, musste erfahren, was es mit dem Künstler auf sich hatte, solange die Spur heiß war. Durch seinen Raub war das Thema wirklich präsent, in den Medien und in dieser illustren Gruppe um ihn herum. Wenn nicht in diesem Zusammenhang, wann dann würde sich Reinhold öffnen, wie es zu der Plastik gekommen sei, und wie seine Beziehung zu dem Modell ausgesehen hatte. Jakob wollte unbedingt die Gunst der Stunde nutzen.

Er fragte seinen Lehrer in der Pause ganz unauffällig, als alle auf den Raub zu sprechen kamen: „Wie kamst du eigentlich dazu, die Figur der

Elisabeth zu erschaffen? Hattest du dafür auch ein Modell wie dieses hier?" Allein bei der Vorstellung, Anna hätte damals splitternackt Modell gestanden, stülpte sich Jakob er Magen um.

„Ganz einfach", Reinhold lächelte beim Gedanken an diese Zeit: „Ein Radiologe hatte mich 1967 damit beauftragt, eine gegenständliche Figur für den Brunnen in seinem Garten zu gestalten. Dabei ist mir die *Elisabeth*, so hatte ich sie getauft, eingefallen. Diese schlanke und trotzdem rundgliedrige junge Frau habe ich damals im Sommer immer wieder auf dem Campus beobachten können. Ihren Körper und ihre Bewegungen konnte ich ganze zwei Wochen mit Faszination studieren im Gehen, im Laufen und im Bücken, wenn sie ihr Fahrradschloss entriegelte. Dann war sie plötzlich verschwunden. Ich habe sie nie wieder gesehen. Obwohl, das stimmt nicht ganz. Vor einiger Zeit habe ich in einer Zeitschrift ein Foto gesehen, auf dem ich sie vielleicht wiedererkannt habe. Aber ich bin mir nicht ganz sicher." Mit dem Eifer eines Künstlers fuhr er fort: „Ihr Körper mit den richtigen Spannungen, wo sie sein sollten, hat mehrere Schaffensperioden bei mir geprägt. Danach unterscheidet sich dann die Ausarbeitung der Oberflächenspannung erheblich von den Frauenfiguren früherer Epochen. Ihr Körper war der Anlass, dass ich auf den gestalterischen Geschmack gekommen bin mit all seinen künstlerischen Abweichungen und Abenteuern. Ab dann wusste ich, was mein Ding ist." Damals war das Gesehene in ihm gewachsen und gereift, bis es nach schöpferischem Ausdruck strebte. Bei der Entstehung dieser Frauenplastik entdeckte er also „sein Ding", das von da an sein bildhauerisches Schaffen prägen sollte.

Doch Jakob konnte sich nicht mehr richtig auf den Künstler konzentrieren. Auf dem Unigelände, beim bloßen Gehen, Laufen und Bücken also? Wenn das mal stimmte. Vielleicht hatte Reinhold es doch faustdick hinter den Ohren und wollte es nur nicht zugeben. Oberflächenspannungen beim Gehen, Laufen und Bücken, von wegen? Aber es war ein erster Ansatz. Vielleicht half ja das Foto weiter. Und so bat er Reinhold um diesen Zeitschriftenausschnitt, damit er sich ein Bild davon machen könnte, wie eine solche Arbeit entsteht. Der Bildhauer wusste allerdings nicht mehr genau, wo er den Ausschnitt hingelegt hatte. Aber vielleicht würde er ihn ja doch finden, und dann würde er ihn Jakob zum nächsten Termin mitbringen. Jakob hoffte inständig darauf.

XX.

Ob es Anna getröstet hätte, so viel Liebe, so viel Verzweiflung zu sehen? Wenn sie um das Ausmaß dessen gewusst hätte, was sich gerade in Mainz abspielte. Wie hätte sie sich gefühlt? Sie, die sich ihr ganzes Leben lang nach Liebe verzehrt hatte, diese jedoch immer durch ihr Verschwinden oder Schweigen zurückwies. Sie hielt die anderen Seelen, die sich ihr näherten, auf Distanz. Selbst ihre große Liebe aus Jugendjahren hatte sie mit Füßen getreten, das ungeborene Leben vernichtet. Und schnell folgte wieder ein Neuanfang, im Ausland, möglichst weit weg. In ihrem Innern stand eine unsichtbare Wand. Gewissermaßen war sie von sich selbst, von ihren Gefühlen, getrennt. Uneins mit sich selbst auf immer und ewig und abgetrennt vom Leben und der Liebe. Und wieder ein Neuanfang in einem neuen Leben. Mit einer Unikarriere ganz einfach und schnell weg. Im Ausland gelang das Vergessen viel schneller, reibungsloser. Anna hatte das sehr genau erforscht.

Dabei war Anna nicht stolz auf ihr Leben. Höchstens auf ihre Karriere. Aber irgendwo in ihr bohrte das flaue Gefühl, dass das noch nicht alles war. Doch dann kam die Wut, mit der sie diese Seite in sich niedertrampelte, bis sie sich wieder atemlos auf den Weg machte, raus, fort, weiter, schneller, lebloser und noch ein Stück geschrumpfter in sich. Vielleicht würde man sie eines Tages gar nicht mehr sehen. Dann würde mit ihr auch nichts mehr passieren können. Und Frieden könnte einkehren. Anna sehnte sich nach Frieden, so sehr, dass sie immer noch vor dem Leben floh.

Doch ein Brief strafte all das Bestreben in ihr Lügen. Ein Brief drang durch ihre Mauer. Ob sie seine Anna wäre. Identischer Name, identisches Fachgebiet und dann das Foto in der Zeitschrift, kurze Haare, ein paar Falten mehr, aber trotzdem, die Beweislage sprach eindeutig dafür. Wenn sie es wirklich wäre, würde Jakob sie gern sehen wollen, egal wann, egal wo. Es hatte nicht gereicht, bis ans Ende der Welt zu verschwinden. Diese verdammte kleine Gastprofessur. Über manche Dinge wächst eben kein Gras. Wie ein Spürhund hatte er ihr aufgelauert und gnadenlos zugeschnappt, sobald sie wieder einen Fuß auf deutschen Boden gesetzt hatte. Wieder saß sie in der Falle, so fühlte es sich jedenfalls an. Und diesmal würde sie nicht so leicht entkommen. Vielleicht wäre es wirklich besser, die Flucht nach vorn anzutreten. Was könnte ein Gespräch schon ausrichten? 40 Jahre waren vergangen, was sollte Jakob jetzt noch von ihr wollen? Vielleicht nur ein nettes Gespräch führen, nach dem Motto „du bist gar nicht älter geworden" und „schön, dass wir uns noch einmal getroffen haben"? Mehr konnte ja nicht sein, nachdem sie ihm so übel mitgespielt hatte. Oder wollte er sich rächen. Bestimmend und übergriffig war er ja immer gewesen. In einen goldenen Käfig wollte er sie einsperren. Wie seine Mutter es ihm vorgelebt hatte. Auch wenn er darunter sehr gelitten hatte, seine Fixierung auf sie und seine Dominanz ihr gegenüber, mit der er konsequent und unnachgiebig ihren Lebensweg plante, brachte er damit nie in Zusammenhang. Deshalb war es damals auch unmöglich für Anna, sich ihm zu widersetzen. Dann noch ein Postdoc-Stipendium in den USA, das wäre gar nicht gegangen. Als Frau eines Mannes, der nicht hinter ihr und ihrer Karriere stand, wäre es ihr wie ihrer eigenen Mutter ergangen. Kind auf der Welt und Träume im ewigen Nichts verschwunden. Anna hatte damals keine Wahl. Einer Konfrontation hätte sie nicht standgehalten, und es hätte auch nichts verändert an seiner Vorstellung einer glücklichen Familie. Damals hatte sie gehandelt, wie sie handeln musste. Aber hatte sie heute das Recht, ihm dieses Gespräch zu verweigern? Es war doch nun alles so, wie es gekommen war. Daran ließ sich nichts mehr ändern. Anna war in Sicherheit. Und Jakob konnte nicht allen Ernstes heute noch etwas von ihr wollen, außer diesem Gespräch. Sicherlich hatte er längst Frau und Kind, wie er es immer gewollt hatte. Was sollte also daran schon gefährlich sein? Trotzdem hatte Anna einen Kloß im Hals, der sich nicht vertreiben ließ.

XXI.

Anna konnte es nicht glauben. Fassungslos starrte sie wie von außen auf die Szene, die sich gerade abspielte. Alles kam ihr wie eine vergangene, längst überholte und ausgelatschte Geschichte vor.

Nach etwas Small Talk und den üblichen Beteuerungen, dass beide sich äußerlich kaum verändert hätten, bemerkte Jakob bereits etwas verärgert, dass Anna ihre schönen Haare gekürzt hätte. Dabei sei ihr Engelshaar ihm doch immer so lieb gewesen. Zögerlich, in der Sicherheit des mit Menschen gefüllten Cafés, hatte sie ihm gestanden, dass sie ihr Kind verloren habe. Auf welche Art und Weise, das spürte sie sogleich, konnte und durfte sie ihm nicht mitteilen. Dann erzählte Anna von ihrem Stipendium in USA, dass sie damals den Konflikt nicht anders hätte lösen können, vereinnahmend wie Jakob sich verhalten habe.

„Was soll das heißen? Du bist freiwillig von mir fort gegangen? Dich hat keiner gezwungen?" Jakob wollte es nicht glauben. „Aber wir haben uns doch geliebt! Nein, das sagst du jetzt nur so, um mir weh zu tun. Das kann nicht sein."

Anna kannte Jakobs Verzweiflungszustände und hub umsichtig an: „Jakob, jetzt komm' mal wieder runter. Ich wollte in meinem Beruf arbeiten und nicht zu Hause versauern wie meine Mutter. Das musst du einfach akzeptieren, auch wenn du es vielleicht nicht verstehen kannst. Mir ist ja auch eine beachtliche Karriere gelungen, wie du in der Zeitschrift lesen konntest."

Jakob fuhr dazwischen: „Ja, und die hätte ich dir verdorben? Du spinnst! Ich wollte immer nur dein Bestes. Eine Mutter gehört eben in erster Linie zu ihrem Kind. Wieso hast du es überhaupt verloren. Das wäre vielleicht nicht passiert, wenn ich weiter auf dich aufgepasst hätte!" Immer mehr verstrickte er sich wütend in eine Argumentation, die Anna in ihrem damaligen Entschluss bestätigte.

„Hast du mich eigentlich jemals richtig gesehen? Was meine Wünsche waren", fragte sie provokant.

„Quatsch, was heißt denn deine Wünsche? Da wollte ein Kind zu uns kommen, das Kind unserer Liebe. Was gab es da noch weiter zu wünschen? Basta!"

„Du bist ja noch immer ganz verbohrt." Jetzt reichte es Anna.

„Wie meinst du das?"

„Na, damals hast du schon nicht gemerkt, dass du etwas ganz anderes leben wolltest als ich. Du hättest mich mit deiner heiligen Familie ins Unglück gestürzt. Du und dein Familienwahn, der alles andere zermalmt. Ich wollte das nicht. Ich wollte dich nicht. Ich wollte das Kind nicht!" Jetzt wurde Anna auch lauter, sodass die anderen Gäste des Cafés sich nach ihnen umdrehten.

„Du bist nicht meine Anna", schrie Jakob sie an, stand auf, warf dabei seinen Stuhl um und rannte aus dem Café.

Wieder zu Hause angekommen, stürmte er an einer erschreckten wie verblüfften Sabine vorbei, die ihn gerade im Flur begrüßen wollte. Hart schob er sie zur Seite: „Auch du bist nicht meine Anna! Bist sie nie gewesen! Komm mir bloß nicht zu nahe. Lass mich endlich in Ruhe und verschwinde!"

Jakob floh direkt durch Wohnzimmer und Garten zum Geräteschuppen. Dort stürzte er auf seine Anna zu, enthüllte sie vorsichtig und legte sich schluchzend neben sie, indem er sie mit beiden Armen eng umschlang und an sich presste. Doch sie war kalt und unbeugsam, auch unter seinen liebenden Händen wollte sie sich nicht erwärmen, geschweige denn sich an ihn schmiegen. Nach einiger Zeit ließ er von ihr ab und schaute Hilfe suchend umher. Erst da gewahrte er, dass Sabine ihm diesmal gefolgt war in den Schuppen. Sie war entsetzt und konnte nicht glauben, was sie da sah.

„Jakob, du brauchst Hilfe", rief Sabine aus. Sie wandte sich überfordert ab, rannte ins Haus, packte schnell einen Koffer und floh.

XXII.

Inzwischen war Anna wieder in ihrer kleinen Zwei-Zimmer-Wohnung angekommen. Den Mittelpunkt des Wohnraumes bildete der Schreibtisch mit PC und Fachliteratur. Dieses Arrangement war sinnbildlich für den Mittelpunkt, den die Arbeit in Annas Leben einnahm. Alles hatte sie auf ihre Karriere, ihre Forschung konzentriert. Sie hatte das erreicht, was sie hatte durchsetzen wollen, gegen ihre Mutter, gegen Jakob, gegen das Leben und gegen die Liebe. So kam es ihr manchmal vor.

Sie war zwar nicht vereinnahmt worden von fremden Kräften. Darauf hatte sie immer geachtet. Doch trotzdem war sie unglücklich. Vielleicht hatte sie doch einen falschen Weg eingeschlagen? Vielleicht hätte sie mit dem Wissen, was in ihrer eigenen Familie falsch gelaufen war, eine Familie aufbauen und diese mit ihrer Karriere verbinden können?

Anna war immer konsequent gewesen, immer streng mit sich und anderen, tough, fleißig und deshalb erfolgreich. Heute graute ihr davor. Denn was blieb ihr, wenn alles erreicht war?

XXIII.

„Das ist jetzt nicht dein Ernst." Reinhold schaute Jakob fassungslos an. „Was soll das heißen, du musstest die *Elisabeth* an dich nehmen? Was um Gottes Willen hat dich denn da geritten?" Wer den Künstler kannte, der wusste, dass er selten die Fassung verlor. Er hatte schon viel erlebt, aber das noch nicht. Hier stand Jakob vor ihm und schrie ihm ins Gesicht.

„Natürlich musste ich das tun. Du hast sie zur Schau gestellt. Jeder Gaffer konnte seinen Spaß haben. Das konnte ich nicht zulassen. Das nicht." Wie wahnsinnig gebärdete sich der neue Aktzeichenschüler, zu dem der Künstler keinen rechten Draht hatte.

Doch Reinhold hatte ein weiches Herz und spürte hinter all dem Unglaublichen die große Not, die dieser Mensch hier litt. Allerdings verstand er zunächst gar nichts. Jakob war ein Universitätsprofessor, ein durchaus integrer und gebildeter Mann seinem Auftreten nach. Was hatte ihn da nur getrieben? Nun stand dieser merkwürdige Geselle schon das zweite Mal innerhalb weniger Wochen vor ihm und verlangte etwas völlig Absurdes. Der Bildhauer sollte einen Partner für die *Elisabeth* schaffen, nach dem Bild Jakobs! So etwas war ihm noch nie untergekommen. Da staunte selbst Reinhold, sprachlos und verlegen schaute er sein Gegenüber an. Was macht man in einer solchen Situation? War Jakob wirklich wahnsinnig? Sein Geständnis, dass er die *Elisabeth* entwendet habe, war schon starker Tobak, doch jetzt noch die Forderung, einen *Jakob* zu erschaffen, der dann neben *Elisabeth* in Jakobs Garten stehen sollte.

„Wie stellst du dir das vor? Es soll am besten nur noch eine *Elisabeth* geben und zwar die in deinem Garten, und dann noch eine Plastik von dir dazu? Ganz zu schweigen von dem Raub und den Schwierigkeiten, die du dem Botanischen Garten damit bereitet hast. Nein, nein, du musst die *Elisabeth* ganz einfach zurückgeben. Dann lege ich ein gutes Wort für dich ein, und irgendwann wächst vielleicht Gras darüber."

„Reinhold", Jakob nahm sich jetzt zusammen, „ich mache nichts anderes als du. Denn was habe ich denn die ganze Zeit von dir gelernt? Auch du kompensierst deine Katastrophen, indem du aus dem realen Leben in dein Atelier fliehst, weg von der Wirklichkeit, hin zu deinen Fantasien. Du machst dir auch nur Abbilder vom Leben, mit denen du lebst. Das spendet dir Trost bei allem Unheil. Dein Glück ist ein ganz einsames mit deinen Plastiken. Du erschaffst dir selbst deine Welt, wie sie dir eben passt. Alles andere verdrängst du und gehst bei Bedarf über zur nächsten Plastik." Jetzt machte Jakob eine kleine Pause und setzte dann hinzu: „Ich möchte nichts anderes. Ich möchte nur mit meinen Bildern vom Leben fliehen. Nur eben nicht im Atelier, sondern in meinem Garten. Was ist so schlimm daran? Anna und mich darf es nur als Paar geben! Du erzeugst ein falsches Abbild, wenn du Anna allein stellst." Flehend schob Jakob nach: „Bitte, lass' mich nicht im Stich!"

„Das ist doch etwas ganz anderes! Das kannst du doch nicht vergleichen", empörte sich der Künstler. „Ich stehe mit beiden Beinen auf dem Boden und erfreue mich daran, schöne Plastiken zu machen. Doch du, du hebst ab. Du bist ja nicht mehr von dieser Welt. Du bist irre!"

„Im Gegenteil, ich bin ganz klar! Und eigentlich bist du mir sogar etwas schuldig."

„Wie meinst du das?" Reinhold schaute skeptisch, nichts Gutes ahnend.

„Na ja, wie war das damals? Wann hast du mit meiner Anna angebändelt? Sie war ja sicherlich kein Modell bei dir. Und nur von Begegnungen auf dem Unigelände oder einem Foto kannst du nicht dieses intime Wissen haben. Die Geschichte glaube ich dir nicht. Du musst sie woanders getroffen haben, nackt wohlgemerkt, nackt getroffen haben."

Der Künstler war ganz baff über eine solche Unterstellung. So eine verrückte Geschichte. Was hatte sich da im Kopf seines Schülers zusammengebraut? Unfassbar, was da vielleicht noch alles kommen würde. „Jetzt mal halblang", wehrte sich

Reinhold. „Was hast du noch für Unterstellungen auf Lager?"

„Keine. Jetzt bist du dran", erwiderte Jakob ganz lässig, auch wenn er innerlich völlig aufgewühlt war. Jetzt war alles raus, was sich so lange in ihm angestaut hatte. Jetzt würde er die Wahrheit hören und Genugtuung für sein Leiden erhalten. Aber weit gefehlt.

„Herrgott noch mal! Alles ist so, wie ich es dir erzählt habe. Und jetzt verschwinde! Ich muss über alles erst einmal nachdenken." Reinhold drehte sich um. Jakob wusste, dass hier im Moment nichts mehr auszurichten wäre und verabschiedete sich freundlich, als wäre nichts gewesen. Alle Karten lagen jetzt auf dem Tisch. Jeder hatte jetzt über den nächsten Spielzug nachzudenken.

XXIV.

Was ihm Kunst war, wie diese sein Leben bestimmte, hatte Reinhold vor vielen Jahren in einer Rede definiert:

„Kunst ist im Grunde nicht zu definieren. Allenfalls könnte man sagen, es besteht die Verabredung, gewisse zweckfreie Hervorbringungen mit diesem Begriff zu bezeichnen.

Andererseits ist die Kunst selbst eine Definitionsmöglichkeit. Definiert werden der Mensch und seine Umwelt. Somit wäre die Kunst ein philosophisches System, allerdings weniger im geistigen als im spirituellen Sinne.

Wenn man die Geschichte der Kunst unter diesem Aspekt betrachtet, so kommt man zu recht einleuchtenden Erklärungen vieler Erscheinungen, vor allem auf dem Gebiet der bildenden Kunst. Auf diese beziehe ich mich in erster Linie, weil man hier den größeren Zeitraum überblicken kann.

Die frühsten uns bekannten Bildwerke sind die Plastiken und die Höhlenmalereien der Steinzeit. Die Bildwerke, in erster Linie Tierdarstellungen, dienten einem realen Zweck. Sie waren Bestandteil eines Jagdzaubers. Die Darstellungen zeigten in perfekter Technik und großartiger Übersetzung Tiere, die man jagen wollte. Man war dabei offensichtlich der Ansicht, dass, wenn man die Ordnung bzw. Wahrheit einer Sache erkannte und darstellen konnte, man die Sache, in diesem Fall das Tier, besaß und die Jagd nur noch eine Formsache war. Im Grunde genommen messen wir auch heute noch dem Kunstwerk eine ähnliche Bedeutung zu. Die Scheu vieler Naturvölker, sich ablichten zu lassen, und das Verbot bildlicher Darstellungen in manchen Religionen, lassen sich so erklären. Ist also die bildende Kunst, zumindest die darstellende, ein moderner Jagdzauber? In gewisser Hinsicht schon. Wir bringen Dinge in unseren Besitz, indem wir sie projizieren und Zustände, in denen wir sie realisieren und sichtbar machen.

Was ist nun das Ordnungsprinzip in der Kunst? Es ist das, wovon es in dem Kirchenlied heißt, „dass uns klein das Kleine und groß das Große erscheine, d. h. in einem Kunstwerk werden alle Teile zueinander in Beziehung gebracht. Es entsteht dabei eine neue Ordnung, die nicht die Ordnung des Objekts nachahmt, sondern ihr adäquat ist. Da nun jeder Mensch seine eigene Ordnung, sprich Wahrheit hat, entstehen immer neue Wahrheiten. Dem Betrachter von Kunstwerken erscheinen immer neue Welten.

Nun weiß man aber, dass sich nicht jedes Kunstwerk jedem erschließt. Das liegt zum Teil an der Hintergründigkeit vieler Werke, aber auch daran, dass jedes Kunstwerk auf einer eigenen Frequenz sendet, die nur von einem gleichgesinnten Empfänger empfangen werden kann.

Entscheidend für die Qualität eines Kunstwerkes ist die Art seiner Übersetzung. Übersetzung ist das, was man gemeinhin mit Stil bezeichnet. Ohne Übersetzung wäre das Kunstwerk nur eine Nachahmung und wertlose Imitation.

Es gab Übersetzungen beziehungsweise Stilprinzipien, die Jahrhunderte verbindlich waren. Die einzelnen Kunstwerke blieben trotzdem individuell, wie bei einer Handschrift. Theoretisch könnte ein Stil alle Zeiten überdauern. Dazu bedürfte es aber eines breiten Konsenses und einer hierarchischen Struktur, was eigentlich nur in Hochkulturen wie Ägypten möglich war.

In unserer Zeit mit ihren heterogenen Strukturen ist so etwas unmöglich. Heute muss jeder Künstler seinen eigenen Stil erfinden. Das ist mitunter auch schon alles. Im Grunde eine große Vergeudung künstlerischer Energie, aber auch der Anlass einer großen Vielfalt. Zumal die bildende Kunst von dem Zwang befreit wurde, einem Zweck zu dienen. Sie ist nun eben so frei wie die Musik. Diese große Freiheit führte aber oft auch zu Abstrusitäten und schieren Faxen. Es ist sehr schwer, hier die Spreu vom Weizen zu trennen. Für den Künstler, wie auch für den Betrachter ist alles viel abenteuerlicher geworden.

In der bildenden Kunst, und hier vor allem in der Plastik, spielt das Material eine bedeutende Rolle. Zunächst ist es der Träger der Idee. Mitunter bekommt es aber eine eigene Bedeutung. Manches Kunstwerk lebt nur vom Material. Das Material ist hier gleichzeitig das Motiv. Auf jeden Fall ist es nützlich, sich solche Objekte in Gips vorzustellen. Was dann übrig bleibt, das ist die Plastik. Zusammenfassend könnte man also sagen, dass die Gestaltung eines Kunstwerks ein überaus komplexer Vorgang ist. Eine Beurteilung ist schwer. Letztendlich ist das Kunstwerk auch eine Schöpfung der Natur. Wir sind der Acker, auf dem es wächst. Es ist da wie ein Baum oder Strauch und so muss man es auch akzeptieren."

XXV.

Was hatte dieser Jakob soeben gemeint, dass er sich ebenso seine Welt erschaffe und damit Schlechtes kompensiere? Das fragte sich der Künstler. Und überhaupt: Kompensation ist doch nichts Verwerfliches? Im Mittelalter wurden ganze Kathedralen als Kompensation der Angst geschaffen. Und auch er hatte schon schwierige Zeiten damit kompensiert, dass er in sein Atelier gegangen war und sich mit den Aufgaben dort beschäftigt hatte.

Während einer Diskussion neulich mit einer Teilnehmerin seines Aktzeichenkurses hatte diese ihn darauf hingewiesen, dass er immer davon sprach, auch den Krieg und die Nachkriegszeit als glücklich empfunden zu haben. Das könne nicht richtig sein, war ihre Meinung. Und doch war es damals so gewesen. Ja, man hatte auf ihn geschossen. Ja, er war auch verwundet worden und kam in ein Lazarett und in schottische Gefangenschaft. Aber was er da alles erfahren und gelernt hat: Eine richtige Werkstatt wurde ihm eingerichtet, und es gab Vorträge, Konzerte und Theateraufführungen. Dort war er auch das erste Mal mit klassischer Musik in Berührung gekommen. Niemals vorher war ihm so etwas Wunderbares widerfahren. Das waren glückliche Momente.

Als Reinhold die fragenden Augen seiner Schülerin sah, erklärte er sich näher: „Damals war ich, krass ausgedrückt, ein echter Ignorant. Ich habe vieles einfach verdrängt. Alles, was einem erst später nach und nach bewusst geworden ist. Die vielen schlimmen Dinge, die während des Kriegs geschehen sind. Diese Geschehnisse hat man in den ersten Jahren nach dem Krieg nicht richtig wahrgenommen. Das wurde mir erst Ende der fünfziger Jahre plötzlich bewusst. Da kam mir das alles immer mehr zum Bewusstsein. Es hatte mich plötzlich viel mehr tangiert. Zuerst war es allein schon die Tatsache, diesen ganzen Krieg überstanden zu haben, diese ungeheure Freiheit. Alles andere geriet darüber in Vergessenheit, obwohl ich auch gewusst habe, was war. Allerdings habe ich erst in der Gefangenschaft davon erfahren, wie die Nazis waren, von den KZs und alles. Das habe ich als Kind oder als Junge nicht gewusst. Ich war ja ein Patriot, der so etwas nicht für möglich hielt. Erst in einer englischen Zeitung habe ich später darüber gelesen, als die Engländer überall dorthin kamen. Das konnte man gar nicht glauben. Viele wussten es wahrscheinlich schon. Aber ich wusste es jedenfalls nicht. Das trat in den ersten Jahren in den Hintergrund. Man schob es einfach beiseite. Und ich fand es erst später richtig schlimm. Ich fand es immer schlimmer mit der Zeit. Aber dies war erst viele, viele Jahre später. Es war in den sechziger Jahren. Da wurde es mir voll bewusst, was da gewesen war. Vorher war mir durch die überfromme Erziehung in meinem Elternhaus jede Gefühligkeit absolut widerwärtig. Und solche Erkenntnis ging ohne gefühlte Teilnahme nicht ab, wenn man sich solcher Tatsachen bewusst wird, die da gewesen sind. Es kommt noch dazu, dass in dieser Zeit zudem einige weitere Begebenheiten waren, die mich vollends in eine trübselige Stimmung stürzten."

Später im Gespräch erklärte Reinhold seiner Kursbesucherin genauer, wie ihn die Kriegserlebnisse erst viele Jahre später eingeholt hatten. Damals arbeitete der Künstler in seiner abstrakten Phase mit Abfallstücken aus Metall. Diese setzte er spielerisch zusammen. Bei einer abstrakten Plastik habe man höchstens unbewusst ein Bild von einer Sache. Diesem nähere man sich dann so lange, bis das tatsächliche Objekt, das man macht, mit dem inneren Bild übereinstimmt. Durch das Zusammensetzen und Kombinieren von Objektteilen könne man sehen, dass gewisse Dinge in einem gewissen Zustand zueinander stehen. Es gibt fröhliche, heitere oder traurige Stimmungen. All das könne man mit solchen Gegenständen machen. Und eben in den 60er Jahren waren all seine düsteren, schweren Abstraktionen entstanden. In dieser Zeit ging es Reinhold gar nicht gut. Immer wieder kamen ihm diese Kriegserlebnisse in den Sinn. Aber es war keine Flucht aus der Wirklichkeit. Damals stand er mit beiden Beinen auf der Erde. Vielleicht kompensierte er so manches mit seinen Werken, aber das ist doch wohl ganz in Ordnung so. Damit war er immer gut gefahren, dachte Reinhold bei sich.

XXVI.

Jakob hatte sich verrannt, das spürte er. Irgendwie fand er sich auf dem Unigelände wieder und streifte ziellos umher. Er wollte nicht in sein Büro gehen, wollte keinem begegnen, der ihn hätte fragen können, warum er in letzter Zeit, obwohl Semesterferien waren, so selten zu sehen gewesen war. Früher war er das ganze Jahr über zur Arbeit erschienen. Tagein, tagaus. Heute konnte er sich gar nicht mehr daran erinnern, wann er das letzte Mal wirklich gearbeitet hatte. Die ganze Geschichte hatte ihn überrollt, aus dem Konzept gebracht, aus dem Lebenskonzept gerissen, das er immer so klar vor Augen gesehen und fast verbissen verfolgt hatte. Zumindest was seine Karriere betraf. Im Privaten war er bis zum heutigen Tag tief verunsichert, was falsch, was richtig war. Eine Verunsicherung, die im Wahn gipfelte. In einem klaren Moment konnte er genau erkennen, dass er entgleiste, vom Weg abkam und einen neuen, gefährlicheren beschritt. Wo immer er auch hinschaute, alle Optionen schienen nicht mit seinem bisherigen Leben vereinbar. Jakob verstand keinen mehr, und von den anderen fühlte er sich nicht verstanden. Wie konnte es nur passieren, dass Reinhold, dieser gutmütige Mensch, denn als solchen hatte er ihn kennengelernt, derart böse auf ihn war? Jakob sollte doch wohl allen Grund haben, auf den Künstler wütend zu sein. Auf den Künstler und sein Geheimnis, das er nicht preisgeben wollte. „Verschwinde", hatte dieser zu ihm gesagt. Dabei verschwand Jakob mit jedem Schritt und jedem Gedanken mehr aus einer Welt, die nicht mehr die seine war. Das spürte er genau. Alles entglitt ihm, und er entglitt seinem Umfeld, es mochte ihm vorher noch so wichtig gewesen sein.

Jakob landete im Botanischen Garten. Dieser sah ganz anders aus, als er ihn in Erinnerung hatte. Eine rote, gelbe, braune Tönung heruntergefallener Blätter empfing ihn statt eines Bodens aus Rosenblüten. Jakob stapfte zornig darauf los. Mit dem Fuß zerstörte er die Blätterhaufen, die der Wind an manchen Stellen errichtet hatte. Leichtes und Schweres, Freudiges und Schmerzhaftes vereinigte sich in ihm zu einer Art Symphonie. Die Natur machte es ihm vor. Monat um Monat gewann sie, um dann Monat um Monat wieder zu verlieren. Was im Frühling prächtig zur Entfaltung kam, musste sich im Herbst der Vergänglichkeit stellen. Der Frühling hatte ihm seine Anna gebracht, wiedergebracht, und jetzt im Herbst traf ihn nach wiedererlangtem Lebensglück der neuerliche Verlust umso härter.

Dieser Reinhold spielte mit allem, dachte Jakob bei sich. Er ließ ganz nach Lust und Laune auferstehen und vergehen, was und wie er gerade wollte. Der Künstler bastelte sich auf Kosten anderer seine Welt zusammen. Die Menschen darin waren seine Marionetten. Er wollte noch nicht einmal helfen, wenn die Katastrophe geschehen war, wenn er andere, wie Jakob, damit in ein tiefes Unglück stürzte. Plötzlich erkannte Jakob seine

Mission. Er musste den Künstler aufhalten, bevor dieser noch weitere Menschen vernichtete. Jakob musste Reinhold unschädlich machen, damit die Menschheit wieder Frieden finden konnte. Wer weiß, was sonst noch geschehen würde, wenn dieser skrupellose Mann weiterhin mit Menschenleben spielte, sie sogar nach Belieben vervielfältigte, bis aller Glanz und jede unverwechselbare Würde darin ausgelöscht war.

Jakob rannte jetzt fast. Er hatte einen Plan.

XXVII.

Reinhold öffnete die Haustür und lachte Jakob direkt in die Augen. Das Messer im Jackett drückte, als Jakob versuchte, mit einer leichten Beugung des Oberkörpers den freundlichen Blick zu erwidern. Der Künstler bat ihn herein und lockte ihn aus der geräumigen Diele mit dem Zeigefinger in sein Atelier. Dort auf der steinernen Drehscheibe, die ihm zum Modellieren diente, stand das Gerüst einer männlichen Figur. „Na bitte. Hast du dir das so vorgestellt. Ich habe spontan eine Idee gehabt und finde, der Anfang ist recht gut gelungen." Nach einer Pause sagte Reinhold: „Natürlich muss alles noch ausgearbeitet und dann in die richtige Größe übersetzt werden. Aber das wird schon. Es ist für mich wichtig, dass mich eine Idee fesselt und dann knie' ich mich richtig rein. Nur so wird es auch gut." Jakob war völlig perplex. Vor ihm stand, unschwer zu erkennen, eine männliche Figur, noch in einer frühen Rohform der Gestaltung. Die Figur glich Jakob. Mit ihrer Hinwendung nach links war sie der passende Partner für die *Anna-Elisabeth*-Plastik.

Was ging in diesem Moment in Jakob vor? Ganz langsam, fast unmerklich, begann sich sein Bauch in seiner Mitte zu entspannen. Dort, wo er über Jahrzehnte hinweg einen zentnerschweren Brocken mit sich geschleppt hatte, brach in einer Woge tiefer Erleichterung Frieden in ihm aus. Ihm war, als müsse er sich strecken und die neue Elastizität erproben. Tränen brannten in seinen Augen, als er Reinhold umarmte und dabei das Messer spürte, das die Wunde in ihm nicht so gut mit Blut hätte schließen können, wie die paar Gipsbrocken an diesem Drahtgerüst auf dem Modelliertisch.

XXVIII.

Die Frühlingssonne erwärmte Annas Rücken, als sie an der Haustür des unscheinbaren Reihenhauses mit dem bröckelnden Putz klingelte. Seit drei Jahren fand sie immer wieder den Weg nach Mainz in dieses Zimmer, zu dem man ihr gleich Einlass gewähren würde. Immer wieder war es für sie wie ein Nachhausekommen. Immer wieder wurde sie freudig erwartet in diesem dunklen Haus mit der großen Öffnung zum Garten hin. Jakob, der Mann ihres Lebens, würde sie dort empfangen.

Ganz gleich, wie manch anderer es beurteilen würde. Spät im Leben hatten sie zusammengefunden. Ihre Seelen konnten sich erst dann vollends miteinander verbinden, als die lauten Stimmen ihrer Vergangenheit verstummt waren, sie nicht mehr riefen und ihnen ihren Frieden ließen.

Simona, die rundliche Pflegerin, ließ sie mit einer freundlichen Geste ein. Anna kannte den Weg zum Wohnzimmer. Durch einen dunklen Flur, von dem rechts die Küche und links eine kleine Gästetoilette abging, gelangte sie in das für ein Reihenhaus geräumige Zimmer, dessen Zwischenwände zugunsten des Platzbedarfes einer Kleinfamilie in früheren Jahren weichen mussten.

Der riesige Sessel verbarg fast den schmächtigen Körper, der in ihm saß. Aber Anna wusste, dass er sie schon erwartete, auch wenn sie es in seinen Augen noch nicht lesen konnte. Sein Verstand war umnebelt, aber sein Herz sternenklar. Mit seinem Herzen erspürte er ihre Ankunft. Jedes Mal. Manchmal verstrichen zwischen ihren Zusammenkünften nur Tage, manchmal auch Wochen. Aber stets fühlte sie sich willkommen. Trotz seiner starren Mimik blieb ihr nicht verborgen, was in ihm erstrahlte, wenn sie in sein Blickfeld trat. Das reichte ihr schon. In diesem Moment fühlte sie, dass alle Wunden, die das Leben ihr zugefügt hatte, geheilt waren. Um noch ein wenig mehr zu genesen, holte sie sich den kleineren Sessel heran und setzte sich zu ihm, legte die Hand auf die seine, die auf der Armlehne lag, bereit für ihre Berührung. So saßen Jakob und Anna für eine Weile zusammen, den Blick hinaus in den Garten gerichtet, wo der bronzene Jakob neben seiner bronzenen Anna stand.

Der Meister hatte die Verbindung zwischen den Liebenden geschaffen, die dem Leben ein Stück Ewigkeit verleiht, damit das Glück in den Menschen Eingang finden kann.

***

Die letzte Seite ist geschrieben. Bei dem Buch handelt es sich in erster Linie um eine fiktive Geschichte aus Anlass des realen Raubes der *Elisabeth* aus dem Botanischen Garten in Mainz. Was meinen Vater, Reinhold Petermann[1], betrifft, so mischt sich Erfundenes mit Erinnertem und Zitaten zu seiner Arbeit aus Gesprächen, die ich für die Erstellung seiner Biografie[2] aufgezeichnet habe.

Es bleibt die Frage, was mein Vater zu diesem Romanprojekt gesagt hätte? Wenn ich darüber nachdenke, könnte er es im ersten Moment als gewagt empfunden haben. Dieser Mensch kann ja keinen Widerspruch mehr einlegen.

Aber ich denke, er hätte seinen Spaß an dem Entstehungsprozess und der Lektüre gehabt. Beim Schreiben meiner Worte, die sich wie selbstverständlich mit seinen Sätzen mischten, sind mir nie Zweifel gekommen, ob das, was ich da zu Papier brachte, richtig wäre. Mein Vater war ein zutiefst

---

[1] www.reinhold-petermann.de.
[2] Barbara Petermann, Am Anfang war das Holz, Eine Dokumentation zum 90. Geburtstag des Künstlers Reinhold Petermann, medien verlag Reiser.

wohlwollender Mensch, der die Freude, die ich während des Schreibens verspürte, mit seinem gutmütigen Lachen getragen hätte. Mit seinen Zitaten, die mir die entsprechenden Gesten ins Gedächtnis zurückriefen, ist mir mein Vater wieder sehr nahe gekommen. Ich teile hier sein Glück, das er für sich fand, und von dem ich weiß, dass er es auch anderen in der Begegnung mit ihnen weitergeben konnte.

BARBARA PETERMANN (geb. 2. April 1957 in Paderborn) ist eine deutsche Autorin, Journalistin und Verlegerin. Sie lebt und arbeitet in Berlin und Mainz. Veröffentlichungen: „Ich schreibe, also bin ich" (2011, unter dem Namen Barbara Reiser); „Leben und Lieben" (2011); „Traurige Gedichte – aber mit Hoffnung" (2012); „Emmy und die Tänzerin – Ein Roman von Liebe und Demenz" (2015); „Furchtlose Wandlungen – Ein Kaleidoskop des Älterwerdens" (2015); „Am Anfang war das Holz – Eine Dokumentation zum 90. Geburtstag des Künstlers Reinhold Petermanns" (2015); „Elisa verschwindet", Roman (2016).